敦煌研究院 ◆ 编

关友惠 ◆ 著

莫高画语

敦煌回忆录·丛书

主编：樊锦诗

副主编：赵声良

特约编辑：孔令梅

本书由中国敦煌石窟保护研究基金会资助出版

甘肃教育出版社

图书在版编目（ＣＩＰ）数据

莫高画语 / 敦煌研究院编；关友惠著． -- 兰州：
甘肃教育出版社，2023.4
ISBN 978-7-5423-5544-7

Ⅰ. ①莫… Ⅱ. ①敦… ②关… Ⅲ. ①关友惠—回忆
录 Ⅳ. ① K825.72

中国版本图书馆 CIP 数据核字 (2022) 第199944号

莫高画语
MOGAO HUAYU
敦煌研究院　编　　关友惠　著

责任编辑　杨增贵
封面设计　杨　楠

出　版　甘肃教育出版社
社　址　兰州市读者大道 568 号　730030
电　话　0931-8439931（编辑部）　0931-8773056（发行部）
传　真　0931-8435009

发　行　甘肃教育出版社　印　刷　甘肃春宇印务有限公司
开　本　880 毫米×1230 毫米　1/32　印　张　6.25　插　页　4　字　数　113 千
版　次　2023 年 4 月第 1 版
印　次　2023 年 4 月第 1 次印刷
印　数　1~7 000
书　号　ISBN 978-7-5423-5544-7　定　价　58.00 元

序

　　早在 20 世纪 50 年代初，关友惠先生就奔赴敦煌莫高窟，开始了敦煌艺术的研究事业。关友惠先生是学美术的，在上大学期间就了解到常书鸿、王子云先生关于敦煌艺术的介绍。当他进入莫高窟时，就被洞窟中丰富而美丽的壁画深深吸引，他怀着对敦煌艺术的崇敬，虚心向前辈画家学习，不断勤学苦练，逐渐掌握了古代壁画的技法和要点。他一生临摹了 160 多幅壁画，其中很多是敦煌壁画中最有代表性的作品。

　　20 世纪 60 年代初，北京大学的宿白先生率领考古学专业学生到敦煌文物研究所开展石窟考古调查工作。常书鸿所长希望宿白先生支持敦煌文物研究所进行石窟考古研究，宿白先生就决定从北京大学考古学专业毕业生中分配两人到敦煌工作。1963 年，北大毕业生樊锦诗、马世长分配到了敦煌文物研究所。当时，宿白先生指出，石窟考古重点在艺术，考古研究要与美术研究密切结合。因此，常书鸿先生就安排了关友惠、刘玉权两位学美术的年轻人与考古专业的樊锦诗、马世长组成了考古组，开展考古工作。

关友惠先生本来是想搞美术的，但他也知道当时敦煌石窟考古工作亟待开展，于是坚决服从所里的安排，配合考古调查工作，承担了大量的洞窟测绘、制图等工作。为了进行考古分期排年，他的足迹踏遍了每一个洞窟、每一个角落，对洞窟的形制、彩塑的样式、壁画的类型等方面进行了艰苦而细致的调查记录。关友惠先生与樊锦诗、马世长、刘玉权合作完成了莫高窟北朝石窟分期研究、隋朝石窟分期研究。至今这几篇研究论文仍然是敦煌石窟考古分期研究的经典之作。

1984年，敦煌文物研究所扩建为敦煌研究院，关友惠先生被任命为美术研究所所长，他率领一批中青年美术工作者临摹了一大批壁画作品，特别是对几个代表性洞窟的全窟完整临摹，在敦煌艺术对外展览中发挥了十分重要的作用。关友惠先生还利用长期临摹的实践经验，以及参与考古工作形成的新思想、新方法，深入探讨敦煌艺术的风格特点，撰写了一批关于敦煌壁画艺术的研究论文，尤其是对敦煌壁画装饰图案的深入研究，取得了较大的成就。他撰写的《敦煌石窟全集·图案卷》（上、下册）是对敦煌图案的全面研究与总结，是迄今为止对敦煌图案艺术研究最系统和深入的著作，为今天的敦煌图案研究奠定了基础。

关友惠先生将毕生精力献给了莫高窟艺术的临摹和研究事业。择一事，终一生。就像关先生自己所说的，他一生就做了一件事情——临摹壁画、测绘壁画、研究壁画，一辈子跟壁画打交道。即使他离休之后回到兰州居住，也要定期上到莫高窟看看洞窟、临摹壁画。一直到他行动不便，上不去洞窟，临摹不了壁画了。但是，关先生对壁画依然如痴如醉，魂牵梦绕，经常在梦境中演绎着他和诸位先生攀爬洞窟、研读壁画的场景，梦想着，如果时间能再倒退十年，再继续临摹几幅画、做几个研究课题……

从常书鸿到段文杰，再到关友惠等先生，一代又一代的莫高窟人默默而执着地坚守在莫高窟，并不断开拓，为我们今天的研究事业铺平了道路，打下了基础。也正是由于对敦煌艺术研究的不断深入，才使越来越多的人认识到了敦煌艺术的重要价值，在敦煌研究院美术工作者的努力下，通过大量的临摹品在国内外巡回展览，使代表着中华优秀传统文化的敦煌艺术传播到了世界各地。

"敦煌回忆录"是敦煌研究院编的老一辈莫高窟人讲述自己与敦煌结缘一生的经历，记录在莫高窟工作和生活的点点滴滴的系列丛书。之前已经出版 2 册。关友惠著《莫高画语》讲述了关先生从年少学画，到毕业后来敦煌莫高窟从事临摹、测绘、研究壁画的丰富人生经历和感悟。关友惠先生一生的经历，正诠释了坚守大漠、甘于奉献、勇于担当、开拓进取的"莫高精神"。这种精神是敦煌研究院和敦煌文物保护研究弘扬事业薪火相传、生生不息的力量源泉和精神动力。

赵声良

2023 年 3 月

目录

一
我要学画

　　天刚蒙蒙亮，同学们都还在梦中。我悄悄地爬起来，轻轻地收拾好东西，捆好被褥，拿起背包，出了我的晋南中学校门，向着西北艺术学校招生集合点走去。

　　我为什么要离开中学去上西北艺术学校呢？原因有二：一是我喜爱画画，二是跟解放战争形势迅猛发展有关。我从小就喜爱画，想学画。为什么喜爱画，想学画？我不知道，也说不清楚，只是觉得这种东西"好看"。如果一定要说出个为什么，只能说是乡下的生产劳动和生活习俗中的某些美术因素的招惹，特别是婚嫁丧葬习俗。

　　我家住在乡下——山西运城猗氏县太范村（今临猗县）。太范村在四周邻村中算是一个较大的村子：两条街、十条巷。所谓"街"，就是有几家杂货铺，三家车马店。农家都住在巷内，巷内有祠堂，两端巷口各有一座小庙；村中央有大庙，村东门外有座大寺院。这些庙宇、祠堂比民居气派，好看！村学校设在大庙内。大庙中央正门是三开间，两旁偏门各为一开间。一对高大的石狮子分置在中央大门的左右。石狮子因为娃娃们常爬上去玩耍，被磨蹭得光滑油亮。我很喜爱这石狮子。进了大门是戏台。过了戏台是献殿。献殿面宽三间，进深四椽，是我们学生的教室，山墙上画了一铺"刘关张战吕布"壁画。我很喜爱画中的马，常思想着这马是怎么画出来的。东间靠后房檐处放着一口钟，一个兵器架，架上竖插着两把铸铁长柄大刀。短的一把也有两米多长。传说关羽当年战吕布使用的就是这样的大刀。戏台建有卷棚，台口房檐两端作翘起飞檐。这样的拱形房顶、飞翘的檐角，我感觉好看、有趣，就常用写字的石板来画它。

村公所也设在大庙内，往来人多杂乱，不安全。一年后，村学校搬到村西门口的景家祠堂，过了几年又移到东巷的何氏家庙。1944年，学校何老师被日本鬼子抓走了，学校又搬到村东门外的寺院。寺院比大庙大得多，佛殿多，塑像多。其中最大的塑像是天王殿的四天王坐像，高三米多，手执雨伞、琵琶、明镜等，寓意风、雨、雷、电。我的书桌在天王殿前西厢一个小庙内，抬头就可以看到神像。可意识里这泥像是不存在的。全村大小庙宇二十多个，都是清代之作。

塑像或坐或立，模样大致相同。相貌虽无丑陋怪异之处，可也并不好看。引起我兴趣的只有四天王像，觉得很有意思。寺内东北角有个小门，进去是个小四合院，上房供着十尊铸铁禅坐罗汉像，像高约一米，面相似生人。十尊像造型一样，可能是同一个范模翻制的。我们的教室也设在这里。铁罗汉、泥塑像在我心里都是一样的"神"，我不害怕，也不亲近，知道都是"迷信"的东西，但对铁罗汉有时会多看几眼，觉得像现实中的活人。我们关家巷西头的小庙内供的是观音菩萨，观音背后墙上是普陀山景观壁塑。传说普陀山是观音菩萨的道场。壁塑山峰突兀，有沟壑深渊、丛林小桥，山中有人物往来。我家地处平原，我没有进过大山，总觉得山里一定很神奇，山里人一定像仙人一样。仙人是什么样，其实我也不知道。每次进了小庙总要驻足看一阵子，浮想联翩。如今这些大寺小庙以及泥菩萨、铁罗汉早已荡然无存。

村民的婚嫁丧葬是最重要的大事，其中显示的乡俗美术因素有很多。不论谁家娶媳妇都要把婚房布饰一番。最简便的就是贴窗花。有的人家顶棚四角还贴上蝙蝠形（遍福）角花，中央贴个图案化的双喜字。哥哥结婚时的窗花是我见过的最丰富、最好看的窗花，有"荣华富贵"四字花，还有喜鹊登梅、鸳鸯戏水等禽鸟，莲荷、牡丹等花卉，砍樵、织布等戏剧人物的图案花。红的、蓝的、橘黄的、绿的、黑的剪纸花贴在雪白的窗纸上非常好看。我每次从窗前走过总要驻足看看。婶婶手巧，她有一个本子，里面夹着各种样花，需用时挑出来照样去剪。集市庙会上也有卖样花的地摊，有枕花、鞋花。我遇见时也要挤在奶奶、大婶群里看几眼。现在我仍然喜爱剪纸艺术。村上有一个纸扎铺，专为亡人扎做纸人、纸车马、纸庭院。我每逢经过，只要店门开着，定要站在门旁看一会儿。匠人一手拿苇杆，一手拿剪刀，咔嚓咔嚓剪下一堆长长短短的苇杆，再用几缕麻披把这些长短不一的苇杆扎缚成人形、车马、屋舍建筑的骨架，外面再糊一层五色纸，纸面上再施以画就完成了。匠人做纸扎手艺非常熟练。纸扎车马，还有亡者家人自做的幡、幢，待亡者在家停尸三天后，入葬时一并焚烧，意为亡者乘车马而去。纸扎庭院俗称"孝楼"。"孝楼"就是现实生活中的一座庭院。门面有三开间、五开间，进深有单院、前后院。依客户出资多少而定。庭院构架扎好以后，表面以蓝、紫、黄、黑色纸糊饰，再用白色线画饰砖墙、瓦垄、房檐、楹柱、对联、门窗、护栏等。屋顶不糊纸，光线从上面照射下去，院内一片光亮，可见内有乐人吹奏。与现实中人祭祀亡者境况无异。"孝楼"须在家中灵堂桌上放置三年，待满三年大祭时焚烧。

　　在我不到六岁时家乡就被日本鬼子侵占了。在日本人占据下村民最大的困难是缺粮。晋南盛产小麦，但收获后多数都被日伪军征收去了。农民还要支援抗日武装，自己就所剩无几，有时老人和小孩也难以吃上点白馒头。一天夜晚，支援抗日武装的粮车还未起运，村子就被日伪军包围了，粮食和人被全部押解到了运城。后经多方营救，被抓去的人员被放回，只有村学校何老师没能活着回来。他死在了狱中。我家藏有二三十斤小麦，时间长了，发现老鼠偷吃过，只好拿出来，经过挑拣、淘洗，放在房内地上晾着，准备晒干后磨成面粉。不料日伪军来搜粮，见了地上的小麦，逼着我家交出更多的小麦。爷爷当即就被逼死了。

爷爷去世后我每天下学回家都先去上房爷爷的"孝楼"前磕头，连续磕了"五七"，共三十五天。看到那"孝楼"，感觉我们活人是可以进去的，爷爷就住在里面。那时只是觉得"孝楼"这些手工纸扎非常美，并没有想到其他的什么。等我到敦煌工作后，发现小时候见过的那些乡俗纸扎"孝楼"建筑，葬仪中的幡、幢与壁画中的"西方净土"大佛殿建筑，菩萨执举的幡、幢有许多相似之处，说明壁画中的元素是有实物依据的，并在民俗中相传千年。如今社会发展，婚葬习俗发生了很大的变化，以往乡间婚葬民俗中的工艺美术品也只能留在记忆中。

在日本人占据时，我没有进过城，两眼所及也只是方圆十多里的乡间。城里人眼中的纯正美术品——油画、水彩画、铅笔画我全都没有见过，也没有人给我讲过。在乡村，想学画，既没有纸笔，也没有人教，只能是梦想。

1945 年 8 月，抗日战争胜利。日本鬼子投降，国民党阎锡山军队回来了。才过了两个月，他们又宣传打共产党，要我们小学生去募捐，并且到处抓兵。父亲也被抓去，幸好途中逃了回来。又搞什么"兵农合一"，歌谣说："兵农合一真正好，田里长的全是草。兵农合一聚宝盆，村里跑得无一人。"青壮年都逃避抓兵，无人种地了。过了一年，县城解放。县城是小城，仗打了一星期。运城是中等城市，军事重镇，一时还不能解放。两城相距二十多公里，形势很不稳定。解放军撤走，在运城的国民党军又占据县城，不断抓人、杀人。我们学校新来的两位老师也被抓去杀害了。解放军来，国民党军又缩回运城。县长、书记都是本县人，发动群众拆除县城城墙，把城墙分段分配给各村村民去拆。我们村的工段是北城墙的一段，每天派去二十多人，五天轮换一次。我随堂叔去参加过五天。我们住在县城附近的杨源头村的一个小庙里，白天有飞机轰炸，傍晚出工，拆到晚上十二点收工。城墙是砖砌成的，但是其时代是明代的还是清代的，我不清楚。今天想来，看似可惜，可是在战争时期，国民党军依城据守，如果不拆除，他们又会来占据，对解放军不利。城外乡村民众喜迎解放，组织农会闹"土改"，支援解放军攻打运城。我们学校老师把"白毛女"改编成眉户剧组织学生下乡演出，宣传"土改"，我在剧中饰演杨白劳。镇上召开纪念"八一"建军节群众大会，学校老师写了个发言稿，让我代表学生在会上宣读。大会刚开完，场外枪声就响了，国民党军想来偷袭，但晚了一步。这次群众大会又是在下午，没有多少时间让他们多停留。那时群众大会多在下午召开。

运城战役断断续续持续半年多，先后攻打了三次，终于在1947年12月28日解放。运城解放后，我进了城，但是眼前见到的这座城并非我曾经想象过的繁华、美丽的运城，而是战争创伤遍地的运城，整座城市街人稀少、市井萧条、物资匮乏。学校都不完整了，后将中学、师范、农校和随着解放军新迁来的一个中学，合并成一所特大中学——晋南中学。校长是刘海声。新中国成立后，他曾任兰州大学党委书记、甘肃省教育厅厅长。各学校之前的教职员工大部分都还在职，经过新的编组，很快就恢复了正常的教学。学校办学融入了新思想，每周都有劳动，大家去拆城墙，将拆下来的砖改建成一个大体育场;每周都有一次大堂课，报告新形势，进行革命思想教育。电灯照明还没有恢复，我捡来一个电线杆上的破磁柱，又寻来一段废棉绳，买了点清油，点灯照明。灯光微弱，只能在晚睡或早上起床时点一会儿，看书不行。学生课余时间很充足，因没有电灯都白白流失。合并进来的中学还带来一个课余剧团，表演的是歌剧《王贵与李香香》，虽然演出条件非常简陋，但表演水平很专业。据说导演来自延安鲁迅艺术文学院。课余想学音乐的学生也很活跃。一架钢琴，一架风琴，僧多粥少，学生们很难轮到一次弹的机会。每天晚饭后、睡觉前琴室琴声不断。

我在中学里遇到了一位姓赵的美术老师，人特别好，他的办公室就在我们学生宿舍隔壁。他的教学范本是画家蔡若虹画的《谁养活了谁》画本，是石印的毛笔人物画。画的是北方农村"土改"运动中的人和事，包括地主收租、贫民借债、农民开会、斗争地主等等。人物形象真实生动。赵老师画在黑板上，让学生照着画。运城解放后，群众集会多，集会上很少有毛主席像，市面上也买不到，赵老师每天也就忙着为各处画毛主席像，我就跟着看，也想跟着学。他教了我一个土办法。我回到家里，把不能食用的废油渣收来点燃，上面扣一只破铁锅，油渣燃干后，烟子都沾在铁锅上，再把烟子清扫下来，这就是我的炭精粉；再找来些旧书废报纸，卷成粗大铅笔形状的炭精笔，蘸着烟子在放大好的画稿上擦画，顺着画稿的铅笔线深浅、浓淡擦画好后，上面再喷一层松香水，烟子就固定住了。这是我开始学画画后画的第一张毛主席像。它的成功，大大增强了我学画的信心。我把画像送给了我的叔父。叔父是农村小学教师，他很喜欢，贴在他的办公室墙上。当时能有一张毛主席像是非常光荣的。

一天我见一位政工干部在室外窗前聚精会神地看

一本书，便凑过去问："老师，您看的是什么书？"他把封面翻过来让我看，是毛泽东的《中国革命和中国共产党》，我好奇地说借我看看行吗？他二话没说顺手给了我。拿去才看了两页就被吸引住，无法放下，一口气看完。这是我读到的第一本有关中国革命的书，对我影响很大。一段时间后，我自己又买到一本毛泽东的《目前形势和我们的任务》，书中讲的是号召全国各阶层民众联合起来打倒蒋介石，建立一个新中国。这两本书的阅读使我的思想发生了变化，眼界得到了开阔。

解放战争发展得很快，需要大量干部到新解放区去工作。社会上出现了许多公费性质的培训学校，有西北军政大学、贺龙中学、财经学校、工业学校等，招生对象是中学生。因是公费，不少中学生都去应招。公费培训学校与正规中学有什么不同，我不知道，也没有想过。我仰望着"贺龙"二字，就去贺龙中学招生点报了名。但我最后未去，想着都是中学何必"转学"。况且贺龙中学是在一百多公里之外的临汾城，又何必舍近求远。翻过年，1949年春季开学后，我在街上又看到一个西北艺术学校（二部）招生的招帖，学校设美术、音乐、戏剧、文学四个专业部。校长是亚马。一部在晋西北的兴县，二部在临汾。二部主任是朱丹。我心里一直想学画，现在机会来了，没有犹豫就报了名。应招很简单，与贺龙中学一样，详细询问家庭状况，我如实作了回答。招生负责人姓安，问我为什么要来报考，我说想学画。他指着办公桌上的茶壶、茶杯让我画一下。我照着画了，他看后让我3月3日早晨来报到。就这样我算是被录取了。

报到的那天，我准时来到了招生集合点。几分钟后，被招录的学生都相继到齐，有十多人，领队宣布出发。我们背起背包列队向着临汾进发。经过北大街将要出城时，听见有人在喊："友惠，走哪里去？"我转身望去，是同村南巷杨秋忙的三叔，在一家商铺门前站着和几个人在说着什么。在那年月，见到这样背着背包列队的大娃多半以为是要参军去。我心想，我是去临汾上学，去学画画，不能驻足搭话，只是举手致意。这是我离家时最后见到的一位同村老乡。

我们出了城，告别了乡土，跟随领队沿着铁路线前行。沿铁路行可少走弯路。大家都才初识，相互无语，只是埋头疾步赶路。战争遗迹还没有消失，火车站早已被夷为平地，铁路两旁尽是枯蓬，乱草丛生，还窝着一些风吹来的垃圾。我们第一天夜宿水头村"兵站"。"兵站"是当时专为过往公职人员临时设的食宿歇脚点，一间大房子里面有用木板搭起的通铺，提供馒头、生拌萝卜丝和白开水。我们长途跋涉都走累了，一觉睡到天亮，早饭后，又带上午饭馒头，继续上路。初春，冬天的寒气还没有完全散尽，路上很少有行人。我们仍沿着铁路走，有时也下到公路上。公路路面坑坑洼洼，已有多年没被修补过，一阵疾风扬起一股尘土使人睁不开眼睛。汽车交通早已中断，偶见有公车过往，因缺乏汽油，车顶上架着一个很大的煤气包，缓慢爬行。

我们傍晚走到闻喜县的一个村子住下。住处是一个宽敞的大四合院，院内四厢空无一物，一看便知这原是地主的院子，土改把地主撵走后，房子还没有分给贫农，临时作为过往公职人员的住宿处。在空大的上房地上铺着麦秆，我们便睡在这里。经过两天的同行，到第三天大家渐渐有话可说，行走队列也不再那么整齐，快慢不一，松散起来。这天晚上住在襄汾县的一个村子里。3月6日，我们抵达临汾城，走进了西北艺术学校（二部）的大门。从这一天起我就算参加革命，时年十七岁。

西北艺术学校（二部）校址在临汾城东大街向北一条很深的巷子里。校门前是一片很大的操场，四周没有居民，也没有过往行人。进入校门是一条南北中轴行人大道，两边是一排排平房宿舍，每间宿舍中间开门，两边各有一扇窗户。进门迎面是一铺大土炕，可睡十多人，两端各有一个用废弃砖头垒砌的与土炕齐高的台子，当桌子用，没有电灯。学习的专业分音乐、美术、文学、戏剧四部，我们同行的十多人中，一人（寇达守）进入音乐部，一人（师松龄）进入美术部，其余全留在普通部。音乐部只有一把小提琴，归一个年轻的董教员专用，除此再无别的乐器，寇达守捡来一个铁皮罐头盒，自己做了一把二胡，有声不成调，可学友们都羡慕他。美术部最正规，原是临汾师范的美术班，在艺术学校成立时合并过来的，二十多人，每人一个画架，可以画素描。

学员生活管理是十人一班，三个班为一区队，区队长、班长由领导指定学员担任。作息时间以号声为令，早操四十分钟，数百人集中在校前大操场练习做操。早操后早餐，每日三餐都是小米干饭、盐水煮萝卜、白菜，小米饭还带有霉味。不久小米吃完了，我们去洪洞县粮库背粮，库内的米没有装袋，是散倒在粮库地上，背米袋子不够就用裤子装，力气大的多背，力气小的少背，早去晚归。虽然很累，人多了说说笑笑也很兴奋。只是吃小米对我们这些吃惯馒头的学员来说经历了逐步适应的过程。

学校安排的学习，上午是政治课，下午是专业课。政治课主要是政治思想教育，号召艰苦奋斗，增强组织纪律教育。还有解放战争形势报告。学习是大会主讲人作报告，会后讨论自学。一次给我们作报告的是某单位的一位领导，讲他参加革命前后的思想变化。他原是国民党在抗日战争时期由西安通往延安道路上一个检查站的站长，因受到进步人士的革命思想影响也想去延安，但最怕的是受不了吃小米饭的苦，就先尝试吃小米，有肉有菜，并没有感到有什么不好吃。他决心去了延安，延安的小米是一样的，可就是没油水，每餐都是盐水煮萝卜、白菜，他感到很苦，但他坚持了下来。

专业学习，我们普通部主要讲一些文化艺术常识。记得戏剧部一位女教员为我们上表演课，通过表演手势、眼神、身段，边讲边作示范，生动好看，我感到很新奇，但内心想的还是画画。我没有能进入美术部，心里当然不舒服，可并没有灰心，每天晚饭后常去美术部找师松龄，到教室看他们的画。师松龄家学底子好，其父留过洋。他日后成为安徽著名画家。我很崇拜他。战争之后街市萧条，买不到画纸和绘画铅笔。商铺里卖的麻纸中有一种"夹纸"，即厚如牛皮纸的纸，不能做什么用，没人要，我把它买来作画纸。笔是普通的学生书写铅笔，铺在那与炕齐高的砖台上自学画画。画的是解放军与国民党在打仗。我没有亲临过战场，打仗的故事都是听来的，加上自己的想象无目的地随意画。不知为什么却没有想到去画自己熟悉的农村和农民生活，以及自己最喜欢的民俗美术。想学画没人教，不知道怎样去学。尽管这样，我并没有泄气，每天仍很愉快。

时间过得飞快，4月24日，解放军对围困半年之久的太原城发起总攻，当日太原解放。至此山西全境基本解放。一个月后西安解放。全校轰动起来，大家都知道西安一经解放，我们即要迁校西安。那可是一座比太原更繁华的大城市，谁不向往？十多天里，一批一批的学员被分配到各单位和部队，最后剩下我们一百多人，包括美术部全体二十多人。留下的学员重新编了班，我被定为副班长。那几日，大家都不上课，也不跑操。伙食也较平日更好，每天都是大米饭、白馒头、大肉粉条炖蒜苔。学校买了三辆马车，装载着文档、锅灶等全部家当，我们离开临汾向西安进发。

各班班长的责任一是保护好学员紧跟队伍不掉队，二是每晚到驻地要有热水泡脚。新编组的班，大家初始相处还不是很熟悉，言语也不多，可能是这个原因，我们的班长并不主动去关照大家。每晚烧水泡脚，要借用户主人家的锅，架柴烧水，要去与主人联系沟通。看到班长不主动，我心里发急，自己就去做。有一个村子用水很困难，全村只有一眼井，水很深，用轱辘汲水需要两人摇动。取水时人多还需要排队，我们去了三人，给主人家的水缸装满了水。自己用水也要节约。有时水烧好了，却有学员不去泡脚。一天要走近五十公里，人比较疲倦，饭后躺下也就不想再动。

经几天快速步行，我们到达河津禹门口附近一个村子住下，等候安排渡河。这里是黄河晋陕峡谷的南出口，传说是大禹治水导洪所凿。两岸高山突兀、夹峙，谷底黄河水急。等待过河的都是各单位公职人员，河岸狭窄，人很多，还有车马，显得非常拥挤。在这里休息了两天后，我们依安排按时到达渡口。我第一次见到黄河，第一次乘船渡河，心里有点紧张。依渡口调度指挥，我们列队登船，按船长要求就地坐定，不嘈杂喧哗。不觉船已移动，很快船平稳划到对岸，我爬上高崖顶回头下望河谷，顿感目眩。

全校人员渡河之后，继续行进，晚宿韩城。韩城是小县城，但比我见到的运城、临汾城都整齐繁华。山西被日本人占据八年，接着又三年内战，山西的老百姓真的太苦了。次日早晨，我们的队伍穿过街道出了城南门，向西爬坡上到崖顶，迎面看到的竟是西汉大史学家司马迁的坟茔，坟茔坐西向东，四周有围墙，大门紧锁，遗憾不能进入参观。

我们继续前进。两天后到达蒲城，蒲城是周边县城中较大的一个，我们住在北关虎城中学。虎城中学是由与张学良一起发动"西安事变"逼蒋介石抗日的杨虎城将军所建。他是蒲城人。蒲城刚解放不久，北关街道两旁残破的房屋还未修复。中学四周是两米深的战壕，教室门窗全无门扇窗扇，没有课桌座椅。校门前的空场上聚集着一些待命的支前马车。不时有从山西过来的解放军从这里经过向西进发，夜晚有时能听到"当当当"的铜锣响声。听说战后，这里常有野狼出没偷袭牲畜，支前车户为防止野狼靠近，夜晚就鸣锣警狼。我们听说后也并不在意，可谁也没有料到野狼真的来向我们学生下口了。我们各班分别睡在各教室地面的麦秆铺上，半夜狼跑进一个教室，咬住了睡在进门第三铺位一个学友的脖子，他出不来气，两手抱住狼头挣扎。他憋出一泡热尿，使旁边的同学惊醒了，呼叫了一声"狼！"教室里十多人，也都喊叫起来，狼被吓跑。他被送到随军医院治疗，几天后康复回校。天亮后，音乐部小提琴手董教员带了几个人提上枪去寻找狼，跑了大半天一无所获，不过还是在一个地方发现了狼粪，狼粪里有毛发。狼伤人引起同学们的极度恐慌。教室门窗没有门扇窗扇，夜晚怎样防护？每人都有一条捆打背包的绳子，晚上就用绳子把门窗网络起来，上边再挂上饭盆、水桶，半夜如有人小解，大伙也都同去……就这样惊恐不安地过了大约一周，我们继续西行。

离开蒲城西行几十公里经过永丰镇，进入东门，眼前的状况让我震惊：城内竟无一堵完整的墙，更无半间破房，哪里还有人迹！浑身不由得冒出冷汗。现在我们知道这永丰镇就是战斗英雄张富清当年战斗过的地方，他荣立一等功，荣获战斗英雄称号。我们穿城出西门继续前行，大约走到下午两点前后，突然接到通知：停止西行向后转，返回蒲城。事后才知道当时前面彭老总正在亲临指挥对国民党军的扶眉战役，战斗异常激烈……

我们返回蒲城，分散住在居民家里。我们三四个同学住在一户居民的四合院中，从房舍看当是一户殷实之家。当地居民的上房一般用来供祖，平时放置些什物，不住人，我们就在上房的地上铺了麦草住下，旁边放有一口为老人百年备好的寿木。学生娃不信迷信，并不忌讳。吃饭需要自己做，校部把面粉分给各班自己去做。主食蒸馒头是在另一个地方做，在北关路东临街的一户人家。户主夫妇以搓麻绳为业。他们有一个儿子，刚结婚。蒸馒头我没有亲手做过，但从小在家里看大人做看得多了，程序是知道的。在女户主的指导下，我发了面。我是一个谨慎的人，每次蒸馒头拉风箱都要亲手干。待要上笼屉蒸时，女户主拿来一个破碗碗底，她说："你把这个放在蒸水锅里，如果听不到锅里响声，要马上停火。没有响声就是锅里水被烧干了。"在那个年月，一般人家碗和锅破了都不丢弃，要等钉碗补锅匠来修复后继续使用。那破碗底是女户主专为她儿子的新婚媳妇蒸馒头备用的。

在等待出发通知的那些天，我和一个同学被派到一个小学教扭秧歌。新解放区的人们都还不习惯扭秧歌，我们两个大娃娃带着几个小娃娃随着锣鼓点扭起来，看的人越来越多，渐渐看的人也加入进来一起扭。第二天全校学生都扭开了。已有好多天没有听到出发的消息，这天上午我发了面准备下午上笼屉，就在这时接到通知下午出发。于是我和两个同学端起发面盆去城里找蒸馒头铺换馒头。蒲城蒸馒头驰誉关中，每条街都有馍铺。我们找了两家都被谢绝，又找到第三家说明情况才换了馒头。我把馒头分给大家后准时随队出发，这才放下心来。

　　我们前行的方向不再西去，改为南下。我们也不知道去哪里，只是跟着走。大约晚上九点左右，我们到达一个村边的打麦场，打前站的人已为大家备好了开水，在此休息吃馒头。一个小时后起身继续前行，一直走到第二天下午，中途再未休息。我走到后半夜已经非常困乏，睁不开眼睛，半睡半醒地低着头跟着前面的人，两条腿不由自主地前后调换着。直到东方发白，天快亮时头脑才慢慢清醒过来。天亮后天气也渐渐热起来，中午到达渭河边，看到了水，大家欢呼起来。渭河水不深，会游泳的跳进去游了过去，我们不会水的乘船渡过。傍晚到达渭南火车站，火车早已中断，车站并无房舍，铁轨上停着一列装载货物的闷罐车，这列短途货车运送的是什么我不知道，但绝不会是我们的专列。一天一夜走了近一百公里，已极度疲乏，但见前面就要到西安城了，心里又兴奋起来。我是第一次乘火车，车厢内挂着一盏煤油马灯，各人坐在自己的行李背包上，随着咣当咣当的车轮声，慢慢睡着了。不知多久火车停了下来，睁开沉睡的眼睛，"西安到了！西安到了！"大家一时兴奋起来。等到打开车门跳下车厢，这才发觉不是西安，而是一片旷野。天还没有完全亮，往哪里走不知道，只能跟着队伍走。事后才知道此处是灞桥，前方铁路桥早已被毁。

　　我们下午到达西安以南十多公里的长安县政府所在地韦曲，在韦曲镇以东少陵塬上的杜公祠和牛头寺住下。这里距离我们的迁校目的地兴国中学只有三四公里路程。新解放地区的社会治安状况还不稳定，乡间时有国民党军溃散的兵员以及土匪骚扰。杜公祠与牛头寺相邻，地处少陵塬半崖坡上，背依高原，前俯大道，临近县府，暂住这里比较安全。过了一个多星期，我们最终到达西北艺术学校迁校西安的目的地——长安县兴国寺。从此开始了我在西北艺术学院四年的学画历程。

唐代时此处曾建有一座寺院——兴国寺。抗日战争期间，为躲避日寇飞机轰炸，在这里修建了一所中学——兴国中学。学生多是西安城里军政要员和富家的孩子。抗战胜利后城里的学生不再来此，学校日渐冷落，终至停办。我们的驻地就是这所中学的旧址。这里环境优美，北靠少陵塬，南望神禾塬，川间一条小河灌溉着两岸稻田，春天桃花遍川，非常迷人；夏日稻米溢香醉人。沿校前大道北上不久即到西安城，南达旅游胜地终南山。原在山西的各学校也都迁来这一带。西北军大迁驻在王曲原国民党黄埔军校西安分校旧址，为便于领导，迁来的各校统归军大管辖，西北艺校遂更名为"西北军政大学艺术学院"（简称"西北艺术学院"）。

学校更名，牌子大了，其实只是个空架子，一切都需要从零开始，重新组建和完善学校行政、教学、后勤总务各部建制，建设校舍，招聘教师，购置教具等等。在这次人员大调整中，我和一位杨姓同学被调入美术系学习。我学习绘画的梦想终于变为现实。到美术系还没多久，有一天傍晚小杨同学悄悄告诉我，他要请假回家去，过一段时间就回来，我感到很突然，因为进入美术系是不容易的，刚进来为什么又要回去。在我眼中他是一个机灵、聪明的人。他走后再也没回来，我成了进入美术系的唯一的新生。

我们迁校初到兴国寺头几个月，每天除去开会外，就是整修校内环境卫生。学校西约一公里处有废弃的三座抗日时期修建的窑洞仓库，洞深几十米，洞内用青砖砌成。我们把这些砖拆下来，背回来修建厕所。我一次能背十二块，唯一的工具就是那条捆绑被褥、背包的细绳。连续背了多天后，肩头被勒出一道道血红痕迹。大家分别挤睡在几间大教室的大通铺上，没有桌椅，夜晚用煤油灯照明。操场被开垦成菜地，学员每天轮流去厨房帮厨，与在山西艺校的伙食无异，只是从此告别了小米饭。

这段时间我经历了一生中最大的喜事——中华人民共和国成立。西安举行庆祝大会和大游行。庆祝会前半个月学校就为参加大会作准备，美术系主任吕林开始绘制毛主席巨幅画像，画像三米多高，只能在室外屋檐下画，单色素描绘制。当时我还不懂人像五官块面肌理关系的画理，只是觉得真实好看。这是我第一次看老师画这样大的人像。9月29日我们走进了西安城，住在一所小学里，大家开始练唱《义勇军进行曲》。西安人或年长我几岁的人都会唱，就我们这些从山西过来的同龄人不会唱，心里特别不是滋味。从我记事起家乡就被日本鬼子占据了，哪里能看到《风云儿女》影片、听到《义勇军进行曲》？新中国要成立了，听到这歌词特别激动，跟着大家一起唱，唱几遍慢慢就会唱了。10月1日那天，我们很早就起床，午饭也提早吃了，按时进入设在革命公园内的庆祝大会会场。扩音喇叭不停地播放着音乐。等了几个小时，到下午大会才开始，广播里传出毛主席的声音："中华人民共和国中央人民政府今天成立了！"会场上响起一片欢呼声。大会持续到北京天安门广场大会宣布结束时。天色已是傍晚，西安城灯火通明，大会游行队伍走出公园，经解放路走上最繁华的东大街。游行队伍中西北艺术学院的巨幅毛主席画像最引人注目，西北艺术学院的牌子响遍西安城，许多人知道了西安有个艺术学院。

大约一个月后，学校接到通知，校领导朱丹（原艺校二部主任）带领领导班子和美术系部分学员随军南下四川。原艺校校长亚马带领另一个领导班子接手艺术学院工作。各系主任均为本专业艺术工作者。美术系主任刘蒙天后任西安美院院长。1951年西北艺术学院改由地方政府管辖，学校全面开启正规化建校工作。美术系分为绘画和雕塑两个专业，但在教学上仍

图1　1950年元旦西北军政大学艺术学院美术系全体师生在校门前留影（前排右五为关友惠）

保留着此前培训班性质的遗风，哪个单位急需美工人员，学习成绩优异的学员即被调分出去；有来报考的学生，有绘画基础的即可接收；也为工厂、部队代培美工人员；还承担社会所需部分美术工作（图1、图2）。

　　1950年10月，西北军政委员会公安部筹办展览，系里派去两位老师和几个学生参加，我是其中之一。在这里我认识了一位中学老师任国钧先生，是原中央大学美术系毕业的，绘画功力好，与我们的张、王二位老师同画一组油画，内容是揭露国民党特务杀害爱

图 2　1950 年 3 月与胞兄友田、堂兄长盛及其同事在西安留影（右一为关友惠）

国民主人士杜斌丞的事件。每天晚饭后，我就去看老师们的油画。印象最深的是任老师画的一幅，画的是在夜晚路灯下的一条小街上，特务在跟踪杜斌丞乘坐的人力车。色彩真实感很强。他人年轻，喜欢与人交往，晚上我常去他房间请教作画，还请他为我画了一张铅笔头像，用笔简练，画像逼真，毕业后我把它带到了敦煌，珍藏了几十年，后来因为搬家丢失了。任老师给了我学画的希望，使我提高了兴趣，看到了绘画的标准，他成了我学画的崇拜对象。后来他长期在陕西历史博物馆、西安半坡博物馆做美术工作，1971年他临摹了陕西乾县唐代章怀太子李贤墓室壁画打马球图。1972年我去乾县临画时看到了他的临本。他的临本把壁画所受自然光也画了进去，不是阳光直射，也没有光影，是立壁上的天光，色彩效果很好。任老师对于我学画，在兴趣和认识上起到了重要的影响。

1951年，学校教学基本实现正规化，美术系还是绘画、雕塑两个专业。绘画专业除每天素描课画石膏像，还增加了实用美术（装饰图案）木刻版画、招贴宣传画、连环画教学。最后一年教了油画。我们的学习面较为宽泛，各专业都沾了边，但都不专，所学只能应付一般大众美术工作。室内素描和室外自学相互配合是当时学习的重要方法，在教学还不能完全正常的前两年，同学们很重视这一点。每天晚饭后，大家就自觉地聚集在一起画速写，没有模特，就是你画我，我画他，大家或站立或蹲坐，相互画。出了校门就是农村，想要画的景物很多，但要画人物速写不行。当时当地人的观念中还有些迷信思想，传说人的身体被别人画会导致灵魂的丧失。就连在雕塑室打零工的村民黑娃也不愿意做模特。黑娃二十出头，骨骼、肌肉都很结实，可就是不让别人画，直到相处了很长一段时间相互有了信任后，他才成为我们学画的第一个人体模特。女模特则是从北京请来的。

就在教学一步步正规化的关键时刻，1951年下半年，我被调去西北公安学校学习。全校调去四人，各系出一人，参加各高校和部分事业单位的内部安全保卫政工干部学习培训。我们四人和西北农学院、西北工学院，还有几个事业单位的人分在一个组，学校来的人都是学生，大家聚在一起学习、生活都很快乐。我还为公安学校设计了一个铜质奖章。由于我不能适应政工工作，培训学习结束后，我仍回系里继续上课学画。我的整整一个学期的时间就这样丢失了。

当时我们是没有寒暑假的，寒暑假期间要求到工农群众中去了解和体验工人、农民的生产生活。去工厂由学校统一组织，每个系去两三个人。美术系去了我和张良度两人，总共十几个人。我第一次去的是蔡家坡纺织厂，这是一家私人资本工厂。进入工厂后的活动是通过工会组织业余文娱活动，夜晚办学习班与工人交友，了解他们的生产生活情况。我第一次看到工人是怎样把棉花纺成棉纱的。工人的积极性很高，日夜三班倒，精神状态好，伙食也很好，用餐时八人一桌，六菜一汤，还有白馒头与大米饭，随到随吃。我们与工人共同用餐，和他们相处熟悉了，他们带我们进入车间参观。纺纱工人大半和我们年龄差不多，女工最多。在细纱车间，工人还教我学会了捻接断头纱的方法。

我们美术系二人的任务是为爱好美术的工人办美术学习班。我才初始学画哪能承担此任，或许系主任已经考虑到了这点，与我同去的张良度学兄原是一所小学的美术老师，后考入美术系深造学习，开办工人美术学习班，他可以胜任。同时我也跟他学到了应该如何办美术学习班。在我们结束这次在纺织工厂的体验生活时，参加美术学习班的一名工人王天禄也随同我们到学校去学习了几个月。工厂小学有四个女孩随同戏剧系的学生到学校去成为了舞蹈学员。

还有一年暑假我们去了西安铁路局机务段。这次活动是美术系自己组织的，我们去了五六个人，协助他们搞一个内部表彰先进生产者的展览。住宿与画画就在一个学校的教室里。我们下到车间看工人搞生产，对一切都感到新奇。一个同学去看电焊，回到住地两眼不断流泪，发痛怕见光，持续三四天才渐渐恢复；另一个同学去看旋切车床工作，见车床切削下来的铁销好看，就顺手去捡，却被烫了手。真是出够了洋相。

电焊、车床现在城乡到处都能见到，不足为奇，可在那个年代我们还是首次见到。一天傍晚，我们正躺在床上闲聊，突然乌云蔽天，一阵电闪雷鸣，下起了暴雨。那闪电就在当空，炸雷就在屋檐，地面积水有好几厘米。我被惊住了，不知怎样应对就呆呆地站着，机灵的同学钻到了课桌下面。这是我一生经历过的多次强对流雷电天气中最惊险的一次，现在想起来还是有点惊怕。

我还去过兴平县渭河以南一个小村子，村子里有一个李秋菊农业互助组，是陕西省有名的模范农业互助组。农村土改之后，农民有了土地，但大多数农户并不是农具、牲畜齐全。为了共同富裕，政府号召农民组织互助生产，李秋菊农业互助组走在全省的前列，得到省上的表彰，我是为了解这一农村新事物奔向那里去的。这个村子不大，有三十几户人家，没有地主、富农。村民相处融洽。冬季农活不多，农民多闲在家里。我在那里待了一个寒假，先是和一个女同学一起去的，没过几天又来了一个同学。冬天的农村吃住都不太方便，十多天后他俩先后离开，我一人坚持过了春节才返校。

刚到村子里，我住在李秋菊家一间约四五平方米的小房子里，房里就一个土炕。从表面看其家境，早年应是有过一段殷实时光，眼下不如先前。她有奶奶、父母、一个哥哥和新婚嫂嫂，哥哥是地方上一名公职干部，我们见过一次，嫂嫂一直住在娘家，我那位女同学就住在她哥嫂的房子里。

李秋菊是一个大姑娘，待人温厚，干活泼辣。不知她是用什么方法能在农忙时把邻居们组织起来互动劳动的。她曾带我们去过一次邻村的集市。刚开始我们在她家吃饭，之后就轮流到各户去吃，饭钱当日结清。年前的腊月，有的农家粮食也不宽裕。饭食以玉米面为主，就咸菜。后来剩我一个人，就住到另一户农家。这户人家只有一处大三间，房里两端各有一个土炕，房主夫妇睡西头的炕，我和他两个儿子睡东头的炕。他大儿子和我年龄差不多，冬天三个人挤睡在一起，既暖和，也开心。可是村长没有派我在他家吃过一顿饭，他家粮食很困难。大年初一那天，我的饭派在一户只有父女两人的家里，我走进屋里，主人正在包饺子，身边站着他那十二三岁的小女儿，看我来了，他可能心里发急，也就显得有点笨手笨脚。见此状况，我不觉一阵心酸。不知道为什么他家里没有女主人，我也不便多问多说，匆匆吃完饭就离开了。我生长在农村，见过太多农村的事，但很少这么想过事。

农村生活虽然不富裕，但农民的精神是愉快的，春节还要耍社火。当时社会上正在宣传"新婚姻法"，我也就和农民一起以闹社火活动来宣传新婚姻法。我们彩装起两辆牛车，车上站立着化了妆的人物：虐待媳妇的、不贤不孝的、自找对象的等等，大家即兴表演，像话剧一样，还到邻近村庄游行，村民无不称赞。和农民混熟了，我也顺便去一些会剪纸的农妇家索求窗花，想不到还真搜集到几十种，带回学校，老师挑去了几种，剩余的现在还保存着。这些窗花造型简练朴实，与我小时候在家乡看到的是同一风格，我非常喜爱。

我学习绘画，如果从进入山西西北艺校迁校改为的西北艺术学院美术系算起，时间有四年，经历了建校、非正常教学到正规教学的全过程。我接受正规教学的时间只有两年半（五个学期），我比同学们又少学了一学期。1953年毕业后，我被分配到敦煌文物研究所临摹壁画。

二 到敦煌去

　　敦煌，我上小学时就知道是河西四郡之一，而对敦煌壁画艺术却是很晚才知道。1951年，敦煌文物研究所所长常书鸿先生到西安西北艺术学院为我们作报告，介绍敦煌壁画。由于条件所限，当时未能见到壁画实物，加上他那浓重的杭州口音，许多我都没听懂，但我知道了敦煌壁画。1952年，王子云先生来学校任教，除教素描、油画之外，还举办了意大利文艺复兴时期绘画和敦煌壁画艺术讲座。他游学足迹遍及欧洲，学习雕塑、油画、美术考古，知识面较宽。先生讲敦煌壁画的教材是他在1942年率西北艺术文物考察团在敦煌莫高窟画的壁画临本，还有一幅莫高窟石窟现状全景长卷图（1997年西安美院举办先生诞辰100周年纪念会，会后其家属将此画卷捐赠给敦煌研究院，由我带回敦煌转交，现存敦煌研究院）。他的敦煌壁画临本不同于张大千的临本，张大千临本是原壁拷贝画稿，色彩"复原"临摹，而他的临本是手起稿，现状写生式临摹。我首次看到敦煌壁画（临本），给我印象最深的是人物的线描，流畅且长的线描让我感到惊讶。依讲座要求我仿照菩萨衣纹线描，画了一幅身着朝鲜服饰的舞女。但是那时我不喜欢佛、菩萨人物的造型，对敦煌壁画并无兴趣。

毕业分配时，学校号召学生到最艰苦的地方去。我在表格上填写的是宁夏、青海和新疆，没有填报甘肃，更没有填报去敦煌，认为甘肃还不是最艰苦的地方。敦煌文物研究所是文博单位，想着那里的人一定都是迈着八字步的老学究，我希望能去搞新美术。结果学校公布的工作分配名单与我的期望完全相反。想要的却不给你，不想去的偏要你去，这大概就是人的命运。不服从学校的分配，强调个人兴趣在那时被认为是思想落后，会被人看不起。我不能被人小看，就完全服从了学校的决定，愉快地踏上了奔赴敦煌的征程。

一块儿分配到敦煌工作的共有四人，孙纪元是学雕塑的，冯仲年、杨同乐和我是学绘画的。那时交通不便，西安到敦煌一千七百多公里，我们走了十多天。西安到兰州才通火车不久，六百多公里走了十多个小时。兰州火车站是用苇席搭成的一个大棚，出了车站，外面还是一片农田。我们雇了一辆人力板车拉上行李，沿着农田地埂、农家庄院墙、荒坟边的路，弯弯曲曲爬沟翻坎走到了兰州城的南关十字，在城门外路东一家小旅社住下。城门有楼，虽不巍峨，但保存完整。汽车站就在离南关十字不远的地方，是兰州城最热闹的地方。

我们放下行李，先去广武门（东门）外省财政局借路费。那时办事简单，凭学校开具的分往敦煌文物研究所工作的一纸介绍信就拿到了钱。那些天，全国各地分往宁夏、青海、新疆的高校毕业生都先后到达兰州，等候转车，车票较平时更加紧张。我们拿到钱去汽车站买票时，才知道兰州没有直达敦煌的班车，需要在酒泉转车。而兰州到酒泉的班车是每天一班，不预售，只能买次日的票，这就需要每天去排队买票。我们的运气还不错，第三天就买到了次日去酒泉的车票。在等候的几天里，甘肃日报社的美编耿汉、杨志印二位来看我们。耿是我们同级同学，学习成绩优异，因工作需要，未毕业就调出走上工作岗位。他与志印后来都成为甘肃省著名的画家。闲聊中，他俩告诉我们说，戈壁上有一种瘴气，遇到可致人窒息，解救办法是吸香烟；还说敦煌那地方一缺裁缝，二少厨师。听他俩这样说，我们就去买了一条纸烟，每人分别装上几包，以防万一。我自己又买了些布带上。事后证实没有瘴气，他们也是道听途说，不过缺少裁缝是事实。

到敦煌后的一个多月即进入冬季，我去裁缝店做了一件棉衣，又窄又小几乎穿不上身。

兰州发往酒泉的班车是大客车，虽然破旧，但能遮风挡雨。二十多个座位，车顶装载行李。这是我生平第一次乘汽车作千里长途之行。兰州是黄河流经的唯一省会城市，河自西向东把市区分成南北两半。明朝洪武年间在白塔山下架起了浮桥，1909 年改建为铁桥，桥长二百多米，方便了两岸交通。我们的班车跨过黄河铁桥，沿着河北岸向西行驶。中午至乌鞘岭下，气温陡降，乌云压顶，一阵急雨骤降。可当车爬上山顶时又是红日蓝天。乌鞘岭海拔三千余米，它把甘肃省拦腰分成东西两部。西部即是河西地区。乌鞘岭巍峨深沉，仿佛无尽的绿色海洋。八月，这里正是农作物收获季，收割的庄稼还未完全运回家去，有的就堆放在地头上；远山的高坡上散落着白色牧群，只是很少见有农夫与路人，大概都回家午休去了，四周显得非常宁静。一切都很美！我生长在平川，未进过山，对眼前的一切都感到新奇。

翻过乌鞘岭就进入千里河西走廊地界，傍晚到达武威。这里的车站、停车场、旅客住宿都在一个有围墙的大场子里。此时各路班车陆续进站停宿，车多人多，车声人声一片嘈杂。一阵"热闹"之后，方才安定下来。此处客房简陋，土房土炕，炕上一张芨芨草编制的席子，粗糙坚硬，如不小心碰上伸出的芨杆头会扎破手指。房内仅有一张破旧桌子，无开水壶、杯子，房顶吊着一只光线暗淡的灯泡。我们经过一天颠簸，都很疲倦，也就顾不了这些。四个人睡在土炕上不宽不挤，很快进入了梦乡。第二天一早车站就一片嘈杂，各路班车相继发动起来，嘟——嘟——，咚，咚，咚！响声连成一片。旅客举着行李围在各自要乘坐的班车周围，争抢着、叫喊着给车顶上的乘务员递交行李，生怕自己的行李装不上、装不好，或丢失，看着行李放好，盖上防护布，这才放心进入车厢坐入自己的座位。那时汽车司机都配有一名助手（学徒），汽车加水、发动车、擦拭驾驶台卫生等都是助手的工作，司机师傅一上车，车就启动出发了。

武威车站没有早餐，我们到永昌县进站才吃午餐，在这儿吃的是大米饭和白菜炒肉，大家吃得很香。永昌与山丹相邻，午后车过山丹大黄山草原，目之所及皆是青绿山丘，绵延不断，羊群像蓝天上飘着的朵朵白云。牧人披着雨披，挥舞着牧羊棍，吆喝着羊群，还唱着歌，景色很美！不会再有比这"风吹草地见牛羊"更美的景色了！山丘坡度长，看似平缓，实则不然。司机把车停下来，让旅客"方便"。客车每天中途都要这样停车几分钟，司机在此处停车或许是想让大家多享受一会儿这草原美景。他说，这大山非常奇怪，这里看似处在高处，实则不高；那边望去不高，实则比这里高很多。汽车有气无力地下坡又爬坡，缓慢行驶着。过了大黄山草原就是明长城。这段长城有数百米之长，虽为土筑，保存得却非常完好。汽车沿着长城南侧一路西行。

夜晚住宿在张掖。我们吸取昨晚在武威住宿的经验，汽车进站下车后，两人先去办理住宿登记手续，两人等待接取行李，避免了一场人多拥挤嘈杂之苦。第三天从张掖出发，途经临泽、高台，中途在一个名叫沙河的小镇稍作休息，在这里与从酒泉发往兰州的班车相会了。旅客一下车，就有几个提篮做买卖的农民围上来，篮子里是个头不大叫不上名的小果果，价格很便宜，我买了几个，甜酸味。从街道行人的衣着看，这里的人生活还比较贫穷。车继续前行，沿途人烟越来越稀，绿色也越来越少。越往西走越荒凉，但道路还比较顺畅，车到酒泉天色还早。

酒泉汽车站在西关，站内车少人稀，非常安静。旅客都住在站外的小旅店里。小旅店原来都是民居，如今改成了旅店，房间大小不一，床式也不一样，但都是木板单床，比那大土炕的旅店好很多。酒泉发往敦煌的班车每周只有一趟，我们在这里又等待了三天。我们在等的期间逛了酒泉城，街道整洁，两旁是笔直的白杨树，街上行人不多。遇见一个卖瓜的小车，我们买了一个哈密瓜，香甜无比，我们四个人几乎吃不完，粘在手指上的瓜汁如同胶漆。在西安哈密瓜是切成块状售卖的，我们学生哪敢问津。我们又游了北大桥，河水清澈甘美，出自祁连山的雪山。祁连主峰之一即在酒泉市境内，晴日远望，天空湛蓝，皑皑雪山格外壮美。这是我第一次见到雪山。

发往敦煌的班车是卡车，车厢里装上货物行李，旅客坐在行李上，上面也没有遮阳篷布，大家坐在车上摇摇晃晃，一路灰尘弥漫。出酒泉约二十公里到嘉峪关，司机停车小憩。路旁一间小土屋，卖零碎小食、香烟，四周别无人烟。嘉峪关矗立在右前方百米远的高地上，蔚为壮观。很遗憾，当时我只能远望，不能近观。可是哪里能想到，二十多年后，我竟进了嘉峪关，登上关城墙，进入城楼阁，任我畅游；还在关下文物管理所住了几晚。这不是一般旅游，而是去那里工作。

出了嘉峪关看到的是无边无际的戈壁沙漠，于是我们四人就讨论起什么是沙漠、什么是戈壁来。孙说戈壁是陡立的山峰，我说沙漠是流动的细沙。可是眼前脚下这大地是戈壁还是沙漠呢？谁也说不清。同车旅伴听了定会笑我们无知。路越走越难，同车人说起此路段有九沟十八坡难行之苦，某年某月某司机驾车至此发生抛锚，等了一天也没见一辆过往的车，时值三九寒冬，他点烧了车上可以燃烧的一切物品取暖，最后还是冻死了。听完故事我们心情自然是沉重的，不过很快就觉得这也许只是一个听说来的唬人故事。现在我知道这绝非无稽之谈，在我一生的大漠生活中亲历过汽车在戈壁冬季夜晚抛锚、夏季遇沙尘暴以及在沼泽地冰河中陷车之苦，还近距离目睹了汽车侧翻之险。不过这些都是发生在短时间之内，现场也非我一人，更无人伤亡。我们坐在车上聊侃着，似乎车速也快了。

车到安西，太阳还高。车站在城外北面约一公里处的疏勒河北岸丁字路口。停车场特别大，却没有一辆车，空荡荡的，四周是平坦的戈壁滩，荒无人烟。公路由此向西北直通新疆，向西南约一百二十公里到敦煌。一百二十公里，如果不出意外两个小时是可以赶到的，可是车不走了，要在这里过夜。如果真的中途发生抛锚，那个年月那段路是真的无法求援。这儿的客房仍然是土房土炕，没有电灯，窗上糊着的纸被风吹得呼呼响。这里的风一年从正月初一刮到来年的冬天，有"世界风库"之称，今日如从那里经过可见风电立柱遍地如林，可知其风力之富。我们四人躺在土炕上睡去，不觉天已大亮。这里只停着我们一辆班车，旅客不急不忙地上车。

车出安西六十公里至甜水井，停车小憩。此处有一井，人称"甜水井"，其实水苦不能食。大漠戈壁凡称"甜水井"者均不能饮用，"甜水"只是大漠旅行者的愿望。甜水井是安西和敦煌两县分界地，千年古驿站，20世纪80年代已发现汉代驿站遗址，出土了大量汉简，是一处重要的考古发现，设有专职人员保护。在这里我们遇到两辆马车，是敦煌农民去安西出售梨子的。敦煌盛产桃、梨、杏，现在更有葡萄及各种瓜品。那时交通不便，出产的果品销售困难，敦煌到安西马车路途往返一次需八天，再加上批发或零售，至少需十天才能完成一次长途销售。梨子卖得很便宜，我们每人装了一挎包，也不称，每人只收两毛钱，农民之辛苦可想而知。中午车到达敦煌。兰州到敦煌一千多公里，汽车跑了四天半，于9月2日最终到达。

敦煌汽车站在东门外（今丝路宾馆）。我们四人肩背行李，挎着画夹，走进了敦煌城。城门城墙均为土筑，完好无缺，街道行人稀少，看到我们几个生人都投来新奇的目光。经询问，我们来到南街（今步行街），街中停放着一辆胶轮马车，走进马车边一户院落，院内西屋即敦煌文物研究所在城里的办事处。屋里无人，堆放着些饲料和其他杂物。其实这里无人居住，只是研究所采购人员进城临时存放物品的地方。我们见到了研究所的工友小傅，他今天是从莫高窟赶马车专程来城里接我们的，门外停放的马车就是他的车，是研究所唯一的用来采购物资的运输车辆。胶轮马车在全敦煌只有两辆，是当时敦煌县最好的马车。

我们放下行李，就近进了一家饭馆，这是敦煌城仅有的两家饭馆之一的"刘家饭馆"，专营面条炒菜。老板见有一行四人来吃饭，笑脸相迎。坐定之后，问我们各人吃几条？饭馆卖面条是说盘论碗的，这里怎么是说条？一盘是几条，几条是一碗，我们哪里知道。老板见我们说不上来，就按常人食量做了。原来敦煌面馆的面条都是"拉条子"，即把面和好搓成指状的面剂子，放入面盆醒好，吃时取出拉成长条下锅，按各人所需，吃几条就下锅煮几条。拉条子是敦煌人家的家常饭，很方便。老板为我们煮好了拉条子，炒好菜一并端了上来。拉条子润滑柔软，炒菜香美，与几日前吃到的大米饭肉炒菜一样可口美味。

从饭馆出来已是下午近两点，我们随即前往莫高窟，来接我们的还另有两头毛驴。去莫高窟有两条路走，分别是走公路和骑毛驴走小路。这里的毛驴我们首次见到，与陕西关中高骡子大马样的驴子相比，真像是个玩具。冯兄想玩，有兴致骑了毛驴随工友走小路。他们骑驴出城向东南行，过佛爷庙入戈壁，行二十几公里上二层台子，再走一段至莫高窟崖上天王堂，沿崖壁狭窄陡坡下至石窟前，比公路近。我们三人乘马车，出城向东行约十公里，折南上文化路行十五公里至莫高窟。文化路是敦煌农民义务修筑的公路。莫高窟在敦煌农民心中是最尊崇的圣地，敦煌石窟艺术是敦煌人心中最高最美的文化，筑路的农民觉得他们修的通往莫高窟的这条路就是通往文化的路。大家都这么说，也都这样叫，文化路就这样叫开了。这段公路看似平坦，实是漫长的慢坡，马走上坡路非常吃力。傍晚到达莫高窟敦煌文物研究所。这一天是

1953 年 9 月 2 日。

接待我们的是敦煌文物研究所美术组组长段文杰先生。所长常书鸿先生正在新疆考察石窟，段先生代行所长职责。晚饭后他和美术组全体同仁为我们举行欢迎会。屋里的台案上放着一盏点燃的坐式汽灯，摆了许多梨子、桃子、西瓜，这些瓜果都是他们自己种植的。段先生介绍了敦煌文物研究所的情况、美术组的工作和各位同仁先生，欢迎我们来莫高窟工作，称誉我们是新的生力军，予以勉励。先生们的热情使我感到温馨、兴奋。美术组当时虽说只有七人（包括一名装裱技师），但临摹壁画的功力都很强。各位先生无论年资、学养都当为我的老师。

第二天，天刚有点儿亮，我们四人就走出房间奔向石窟，迫不及待地去看壁画真迹。出门见南边不远处有一小牌坊，就径直走去，步上台阶进入一个洞窟。这是一个大窟，入窟甬道有三四米长，窟内黑黝黝的，什么也看不见，转身往外走，借着窟外微弱的亮光，在入窟甬道两侧壁上影影绰绰可见人形大小的菩萨画像。后来知道此窟原建于唐，后经宋、回鹘重修，壁画布局杂乱。窟内黑暗，是因为我们进去的时间太早，阳光还未射入窟内。从此我就在这些洞窟里出出进进，攀高爬低摸索了几十年，结缘终生。不久起床钟声响了，我们走下洞窟。早饭后，段先生亲自带领我们四人入窟参观，一连看了三天（图 3、图 4、图 5）。

图 3　1954 年春节莫高窟常住人员在中寺后院留影（最后一排右一为关友惠）

图 4　1954 年春节莫高窟人的祝贺晚会（右二拉二胡者为关友惠）

图 5　1954 年 8 月莫高窟下寺外留影（右起杨同乐、关友惠、冯仲年、孙纪元、蒋毅明）

三 临摹壁画

　　莫高窟是敦煌石窟中最大的石窟群，坐西面东，分南北两区。北区二百余窟，是古代僧人的生活区；南区近五百窟，是供奉佛像的地方，每窟都塑置佛像，绘制佛像壁画。窟前是一片宽约四五十米，长约三四百米的沙土地，种植着护窟林木，并有果园，亦可种植蔬菜、谷物。莫高窟有清代建筑寺院三处，上、中两寺毗邻，靠近南边，下寺在北边。敦煌文物研究所设在中寺，寺院很小，与一般民居无大差别。分前后两进，前院是办公区，正屋是美术组办公室，南厢是所长办公室、小会议室，北厢是行政组办公室和石窟保护组办公室。后院是所长宿舍，中寺北侧是职工宿舍。研究所职工总计二十五人，另有守护莫高窟的驻军骑兵团一个班、上寺喇嘛二人。莫高窟四周荒无人烟。

石窟开凿在崖壁上，上下分层排列，有的地方两层、三层，最高处有四层。古时洞窟之间有栈道通达，随着岁月的流逝，栈道早已无存，有人就在窟内侧壁上凿一个穿洞，把左右邻窟串联起来，进香者、游人入窟就猫着腰钻过一个个穿洞到各窟去。段文杰先生带领我们参观亦是这样。要看某个洞窟还必须穿过多个洞窟，攀高摸低，既不能按窟号次序，也无法依时代先后参观。

敦煌壁画是佛教绘画，我那时对佛画知之甚少，对其内容更是无所知晓，只知道一幅传为吴道子画的《送子天王图》和一个阿弥陀佛、一个观音菩萨、四大天王，什么佛经、别的什么佛、什么菩萨都是第一次听说。这些佛经以及佛、菩萨的名字都是从印度梵文翻译来的，读起来很绕口。对段先生的讲解我有许多听不懂，更记不住。再者壁画多有变色或漫漶，窟内光线又暗，仅借一只手电微光，在暂短的时间是不易看清楚的。我们几个人最关注的是人物的线描，在窟内看不清楚，而对窟外前室五代、宋时期重绘的壁画中土红色线描赞叹不已。段先生发现我们对人物线描还不甚懂，便说，人物线描各时代风格不同，只有构成形象时才有其美的价值。先生一语指教，使我对人物线描与造型关系的认识进了一大步。我们三天参观了约三十几个窟，都是各时代的一流佳品。窟看的挺多，可并没有记住多少，留下的只是一片概略的印象。

参观结束之后，我们开始入窟临摹壁画。分配给我临摹的是第23窟北壁上的一幅法华经变雨中耕作图。这是一幅盛唐壁画，画幅不大。图中画着两个农夫，天空乌云密布，大雨倾泻。一个农夫扶犁扬鞭耕田，另一个农夫肩挑稼禾急步走来。两个农夫之间有一大块已变为黑褐色的榜题，隐约可见所书内容为"卉木草药，大小诸树，百谷苗稼，甘蔗葡萄，雨之所润，无不丰足"。我拿到的画稿不知是以前哪位先生从原壁上拷贝下来的，残缺不全。临摹壁画就是面对窟壁，按照原作原样把它画下来，这大家都知道。可是有什么具体要求，还要注意什么事项，段先生没有说，我自己也没有问，就轻率下笔开始临摹。这幅画的内容是什么？榜文所书是什么意思，与原画是什么关系？这些我全不知道，也没有想过这许多，这些与临摹工作好像没有关系。我关注的只是画中的人物、景物，是将其看作一幅农村风情画临摹的，觉得画中那一大块黑褐榜题隔断了两个农夫间的呼应关系，就把它去掉了。哪里知道这是临摹工作绝对不允许的。敦煌壁画是佛教绘画，每幅壁画都有它特定的佛经内容含义，去掉其内容榜题，壁画也就失去了原作本应有的佛经内容寓意，就不是佛教绘画了。临摹绘画是不能随意增减的，否则就不能被认为是临本了。第23窟雨中耕作图是一幅小画，人物也小，没有太长的线描，基本

图 6　1953 年 9 月临摹的第一幅壁画——雨中耕作图（莫高窟第 23 窟）

就是一些色块，临摹比较容易把握。这是我到莫高窟
后临摹的第一幅壁画（图 6）。

　　接着是国庆假日来临，段先生带领美术组利用假
日去玉门油田为工人举办敦煌壁画临本展览。敦煌与
玉门油田虽相距三百多公里，而在大戈壁滩上就是近
邻。可那时交通不便，近邻的石油工人绝大多数对敦
煌壁画只闻其名，未能亲见。展览设在一所学校的教
室里，教室墙面有限，展品也多是小幅，展期三天。
工人、学生、机关员工、市民蜂拥而至前来观看，展
览受到热情欢迎。我们也趁便参观了石油生产地的采

油井、炼油厂。采油井散布在祁连山中，十月的祁连山已是严寒雪天，每座采油井都孤独地耸立在大山旷野中，井旁一间小屋是工人休息的地方。工人们只在交接班时相互碰头会面，用暂短的时间相互交流，生活基本是单调、孤独的。井台上夏日之酷热，冬日之严寒，想来非常辛苦。我们每个夜晚的照明和白日煮饭使用的煤油，都出自这里，却很少知晓石油工人的辛苦。

展览结束，在返回敦煌途中经过安西县，我们下车去榆林窟临摹壁画。榆林窟与莫高窟属于同一体系，是敦煌艺术第二大石窟群，有洞窟四十二个。我们在安西城停住了两天，筹备好伙食，雇了两辆马车，载上画具、行李、锅灶去往榆林窟。这种马车很特别，车轮大，车厢小，构造简单，全木制，没有金属配件，看上去像个将要散架的大玩具，其实它的结构结实，使用轻便，是大漠戈壁中最实用简便的运输工具，坐在上面平稳无事。出城才走了还不到十公里，车主人却不走了，卸套休息。他们三人去一户农家吃饭去了，我们只能在路旁地埂上坐着等候，近两个小时后才又启程。原来这里是当时行程中能见到的最后一户农家，过了此地就再无可供休息饮水之地。

马车下了公路进入三危山就无路可寻，车只能沿着山洪冲击成的乱石峡谷穿越。大石头人力难撼，小碎石尖如刀锋，车就只能弯弯曲曲、颠颠簸簸地缓慢前行。穿过山是十多公里的沼泽地，沼泽地夏日烂泥遍布，冬天则硬邦邦。十月天，这里已渐冷，沼泽变为一片白茫茫干硬的盐碱地，地面上，没有车轮辙迹和骡马蹄印，应该很久没有人经过这里了。我们过了破城子，天渐渐黑下来，到踏实乡，不巧正遇农田冬灌，水渠横七竖八。我生长在平原，没有经历过黑夜涉水过沟爬坎的旅行，不知这渠水多大，沟多深，坐在车上摇晃颠簸，真是提心吊胆，生怕车要翻。车主人是本地人，熟悉路况环境，就这么摸着黑到了踏实乡政府。

乡政府设在一座废弃的清代城堡内，院子里只有两排土平房，很简陋。我们在这里住下，城堡内再无别的居民。第二天早饭后，段先生依乡干部的指向去寻访榆林窟原住持郭元亨道人。他住持榆林窟时，据传有一件寺传珍宝象牙佛，可谁也没有见过。1937年红军西路军余部西出祁连山途经榆林窟，他曾资助过粮食。后来国民党马步青军在安西听说此事，便以此为借口对他进行威逼拷打索要象牙佛，致使其胳膊伤残。他不得不离开榆林窟，去踏实乡下务农为生。中华人民共和国成立后，他把象牙佛献给了国家。1955年，段先生带领我们在兰州五泉山省文管会参观时亲眼见了这件国宝。这是一件以佛传为题材的象牙雕刻，手掌大小，外形是一尊骑象菩萨，从中劈开成两扇，内里分成小格，雕人物故事，为唐代遗物，传自印度，非常精美。段先生动员说服了郭道人，请他重返榆林窟守护石窟。从此他成为敦煌文物研究所的榆林窟守护员，终其一生（20世纪70年代去世）。

次日，郭道人同我们一道去榆林窟。我们离开踏实乡沿榆林河上行，大漠戈壁宽阔平坦，畅行无阻。车到山口，下入河谷，涉水过河。路就是岸边山坡上，一道又一道的沟沟坎坎，又是上下颠簸，我们到蘑菇台时天已黑尽。这里距踏实乡三十五公里，距榆林窟不到四公里。有一处土房小院，住着一个和尚，四周再无人烟。小院外有一间清代寺院佛殿，殿内墙壁有壁画残迹，佛像已不存，佛殿前有耕地数亩，原本均为榆林窟寺产。和尚是安西城郊人，来这里名为出家，实为耕种这几亩田地。我们在这里将就住了一夜，次日，我们向和尚买了一牛车麦秸，即往榆林窟。这段戈壁滩路途平坦，转眼就到了榆林窟崖顶，石窟在崖下谷底。这段峡谷宽四五十米，河水从中穿过，岸边生长着许多榆树，这河以及这石窟就以榆林为名。自从郭道人离开这里以后，就很少再有人来过。石窟开凿在河流两岸的崖壁上，共有四十二个窟。原本不多的几间小土房快要坍塌，只有依崖壁修建的卧佛殿还能遮风挡雨，我们就在里面地上铺了麦秸住下。

住地安顿好后，段先生即带领我们跟随郭道人上窟参观。莫高、榆林两窟近在咫尺，过去交通困难，段先生也是首次来。当进入第2窟看到西夏时期在窟门两侧壁绘制的水月观音时，他突然"啊"的一声说："原来如此！"段先生是在重庆看了张大千临摹的敦煌壁画临本展后奔赴敦煌的。张氏临摹的这幅画色彩是复原了的，大红大绿，现在他看到的原作却是古色古香，菩萨的肌肤是黑褐色。段先生不由发此感慨。对全部四十二个洞窟粗略看了一遍之后，我们新来的四个学生即开始临摹工作。段先生和各位先辈去各窟对壁画内容、壁上题记作调查，对洞窟重新编号。

　　在榆林窟这次暂短的二十几天临摹工作中，我临了四幅小画。第一幅画是榆林窟第3窟后壁的树下诞生图，画面上是一妇人，高举右臂手攀树枝，一个小儿从右腋下出生，妇人即"摩耶夫人"，她的小儿即后来修行成佛的释迦牟尼。当时我对其内容还不懂，只是从先辈们那里听了个名字。临完之后，便在画稿旁边写了"莫野妇人"四个字。史苇湘先生来洞窟看我临画，见此四字哈哈大笑，这才给我讲了故事内容（图7）。第二幅临的是第12窟窟顶的三身五代时期的飞天。飞天是飞舞于佛国空际的一种神祇，研究者有"花神""香神""乐神""护法神"之说。不论它是哪一种神祇，其职责都是奉佛、敬佛、娱佛、护佛。造型优美，人见人爱。这是我临的第一幅飞天，对其内容并不关心，兴趣在飞天造型。飞天造型属菩萨类，是理想化的。当时还不懂为什么要把飞天造型画成不似现实人物如农夫、摩耶夫人那样。在起稿中不由自主地

图 7　1953 年 10 月临摹的第二幅壁画——树下诞生图（榆林窟第 3 窟）

总想把它画成像现实人物，可是这又不像原作。现实人物、神祇造型两种形象交织在脑海中，改过来又改过去不知如何是好，最后还是照原壁依样画葫芦。临完了这幅飞天，我又临了第16窟前室窟顶平棋图案以及窟顶藻井边饰图案。敦煌石窟图案主体是石窟建筑装饰图案，纹样、色彩对我来说都是全新的。这些不曾见过的图案，色彩鲜丽，艺术性高，很好看。可我不喜欢画图案，觉得"太板"。

完成了这四幅小画的临摹，我又被派去第2窟、第21窟协助李其琼、霍熙亮先生为临摹的藻井图案填色。临摹图案，填涂颜色最费工夫，且要有耐心。天已经很冷，我临第16窟平棋图案时色碟都结了冰，点燃废纸去烤，碟子都被烤破。李先生聪明，提来暖水瓶把手泡在热水盆里，手泡热后继续画。

在洞窟里临摹壁画，大家相互间很少串窟见面，有机会我去了第25窟看段文杰、史苇湘二位先生临摹的画。此窟壁画为中唐时期绘制，保存状况非常好，形象完整，色彩如新。段先生临的是南壁无量寿经变中的六身听法菩萨。史先生临的是北壁弥勒经变中的婚礼图和老人入墓图。先生们的临品使我震惊。来到敦煌已有两个月，也看了几十个洞窟，这第25窟十多天前才看过，我怎么就没有注意到这些精美的人物形象？其实许多洞窟里都有它的精品。敦煌石窟有壁画的窟共计有五百余个，每个窟从四壁到窟顶全都画满了壁画，说是壁画的海洋实不为过。我只是随先辈们粗略看了一遍，还不懂这些佛画的内容和艺术性，发现不了这些佳作精品也属正常。而现时的发现则是由段、史二位先生的临品而引发的。

段先生临的六身听法菩萨的造型是理想化的神祇造型，并非现实人物形象，可是比我临的那五代飞天形象要好看得多。在先生的临品上我还看到了一种原壁上看不到的美——流畅的线描。这些神祇听法菩萨与故事画中的世俗人物一样有生意。史先生临的两幅世俗人物画，如果不论其图示的佛经内容，就画面图像来说，纯粹是两幅社会风俗生活画。原壁与临品绘制都很精致，近似工笔。我一时激动，给西安的同学写信，把两幅画与著名画家石鲁的新作年画《农家乐》相媲美。《农家乐》表现的是中华人民共和国成立后农村实施新婚姻法的内容：一对新婚青年，小伙子身穿坎肩，肩上扛着犁头，新婚媳妇牵着黄牛面带笑容，背景是农家新宅院门外。我当时把相隔千年的古今绘画这样相比是幼稚的。我之所以如此激动，把石窟古画与今人年画比较，一是《农家乐》是我当时最喜爱的一幅年画，而这两幅壁画如同《农家乐》一样美；二是绘画技法都是"单线平涂"，也是我们在学校学习的主要技法。洞窟两幅画一幅是婚礼图，另一幅是老人入墓图。二位先生的临品使我看到了敦煌壁画中最美的佳作精品，为我闪耀出了洞窟面壁的光亮。

　　二十多天的榆林窟壁画临摹工作如期结束，约定的马车接我们返程。为了不耽误启程时间，我们头一天晚饭后即把全部画具、部分灶具搬送到崖顶。从峡谷沟底到崖顶高三十多米，陡坡，半米宽的羊肠小道，把这些东西抬运上去，相当费时费力。夜晚炊事员王立夫、裱画技工李复在崖顶看守。天气很冷，我们在卧佛殿还燃着柴火取暖。天快要黑了，一时恻隐之情涌起，觉得自己应该去陪伴王、李二位，于是捆打好被褥行李上了崖顶，与王、李二位一同围着篝火取暖。前半夜，三人烤火聊天，还不太冷；后半夜，人困了，身上开始发冷。我们围着火，面部热乎乎，脊背冷如冰，烤了前面，又烤脊背。这是我生平第一次在寒冬夜宿戈壁滩，后来几十年中也还遇到过大漠严寒和冬天半夜汽车抛锚戈壁滩的事情，但已不觉为苦。

　　来接我们的马车也如约而至。天气很冷，车出山口，经水峡口下洞子石窟直下破城子。下洞子石窟在榆林河下游，有石窟十多个，开凿在河两岸崖壁上，洞窟前壁多已塌毁不存，尚存壁画仍清晰可见，多是五代建造。我们在洞窟崖顶上停车，这里悬崖上无路下入河谷，悬崖边沿处有一个不知什么时候开凿的仅能容身的穴洞，通入一个洞窟。我们下入这个洞窟，洞窟不大，残存壁画不多，漫漶不清。段先生说此窟为北朝所建，孙儒僩先生作了摄影记录。因为时间关系，我们只看了这一个洞窟便匆匆离去。四十多年后我曾先后两次来过这里，残余的壁画状况已大不如前，有两个窟还残存有五代时的两大块壁画，像没娘的孩子，孤零零地悬在那里。我真想住在这里把它们临摹下来。

冬季天黑得早，我们赶到破城子时已经是晚上八九点钟，在路西一户农家住了下来。这里是马车主人前些天过往夜宿过的地方，约定今天接待我们住宿。主人为我们让出一处大房间，柴禾煨热了大土炕。我们带着浑身寒气，用冻僵了的双手提着行李走进房间，一股热气扑面，客主迎面都会意地笑开了。天非常冷，我们吃过主人准备好的热乎乎的汤面条，全身暖和，很快也就睡下了。到后半夜，我那杨同乐同学呻吟起来，双足疼痛难耐。我们初到大漠，衣着单薄，脚穿单鞋，坐了一天马车，两脚被冻僵，在热炕上一焐，就解冻发疼。第二天早晨起来我们四人即去破城子内供销社寻买棉鞋。破城子是一处汉唐古城遗址，仅存残破城墙，俗称破城子，内无民居，乡民供销合作社的小商店就在这里。售货员说这里农民的棉鞋都是自家做的，店里没有棉鞋卖，但有毡靴，长筒白色，是全手工制作的新疆货，质量好，也只有两双。我和杨同乐各买了一双。我的那双长筒毡靴，整整陪伴我走了二十多年艰辛的历程，直到1975年，生活条件有所改善，才把它可利用的部分剪下来做了鞋垫，碎片渣子丢弃了。从商店回来换上毡靴，即上车启程。脚不冻了，但天气不好，大风弥漫，马车走了不多几里，我们坐在车上冻得瑟瑟发抖，几个人就下车徒步，可是走了不多远，就无力与对面的逆风抗衡，又上了车。这是我生平第一次遇到大漠寒风。我们天黑前到了安西城，次日回到莫高窟。

冬季天气太冷，无法在洞窟里进行临摹工作。我曾问过段先生，1949年之前他们在冬天是怎样进行临摹工作的，他说天太冷了就从洞窟出来晒太阳。那时的工作、生活状况更是艰苦，办公室冬季是没有煤火炉的，只能用柴禾烘一烘，用煤火炉取暖是1950年以后才有的。职工宿舍用煤火炉取暖是1954年才实行的。

结束了榆林窟的临摹工作，回到莫高窟已是11月中旬，就在办公室工作和学习。段先生安排我们新来的四个学生练习线描。临摹敦煌壁画，描线是要过的第一关，没有扎实的描线功力，临不出好的临本。段先生知道我们缺少这个基本功，便拿出他以往在窟内收集的菩萨、佛像等各种手姿白描样稿，教我们练习描线。这些手姿和面相一样均不似现实人物，不知为什么，我对这些手姿却有兴趣。时代早的如北魏、西魏手姿清秀纤长，指端微尖，有的没有画出指节，线条纤细挺拔；唐代手姿丰肥柔润，指端较圆，强化指节、指甲，线条圆润富有弹力。当时我还品不出这些"味"来，只觉得伸出的五个指头都像种种花朵似的，很有趣。段先生说，描线握笔要稳，要有压力，行笔要快，不能拘泥。描指甲、指节要用转笔，描飞天飘带要从两端起笔，中间重合。这些经验都是先生从多年临摹工作实践中得来的。从那时起，他在临摹工作中也常讲，但听起来简单可认真做到实在不容易，以至于后来我在临画实践中感觉到要描好线条，除了要下功夫，还要有点灵性（天资）。段先生还说他小时候习字，父亲给他特地做了一支铁笔杆练习手力。段先生上美专学画时，老师教学生练描线是画鸡蛋、画圆圈。他主张练描线一定要结合物体造型去练习。先生一生临摹壁画，练习描线也是无止境的，他在饭前饭后，只要有空闲时间，哪怕十分钟、五分钟也要去描上几笔。我是初入洞窟的学生，对临摹工作中的技艺学习才刚刚开始。

1954 年，是我们到敦煌的第一年，依研究所壁画临摹工作计划，这一年主要是石窟装饰图案专题临摹。我们新来的几个人分别由几位先生各带一人，我跟随的是李其琼先生。临摹的图案有二人合临的，也有个人独临的。临摹图案与人物画的临摹不同。从绘制技艺方面说，图案属于工艺，人物画属于绘画。临摹人物画从铅笔起稿开始到着色最后完成，一笔线、一笔色，笔笔点点都在造型；临摹图案的重点在把握纹样结构形象特征。弄清了组织结构规律，勾画出白描图，其工作量就完成了一半，后续工作就是依纹样填涂颜色。填色工序单调而漫长。

　　分配给我的藻井洞窟位置多在崖壁的下层，窟前树林遮光，窟内光线昏暗，需要靠窟外日光玻璃镜反光照明。临摹窟顶藻井，要仰起头用望远镜观察，看清楚了再低头画，仰头，低头，连续几个小时，会导致头晕和脖子痛。我拿来一面镜子，平放在画板上，想借反射在镜子中的藻井起稿，但是能看不能用。一年中我与李先生合临了五幅藻井图案，我单独临了三幅，还独临了一些佛背光、项光、多种边饰（图8）。从数量上说是丰收了。这些临品基本都收集在1959年出版的敦煌文物研究所编《敦煌唐代图案选》中。如果从对其内容的了解方面而言，对我来说却是个歉收。研究所里当时尚无人关注石窟装饰图案的研究，社会

图8　1954年临摹的狮子莲花藻井（莫高窟第85窟）、圆光图案（莫高窟第217窟）

出版物上也没有见到有这方面的文章，我对图案并无兴趣，也就没有主动向先生们求教过。除了听来的忍冬纹、卷草纹、莲花纹几个名词外，别的就再不知道什么了。多年以后我写了几篇有关敦煌图案的短文，那是工作变动后的一点意外收获。我到敦煌临摹壁画的第一年情况就是这样。

如果把我初到敦煌头两个月临摹的那三幅人物小画看作实习，那么正式临摹人物壁画则是从1955年启始的。分配给我的临摹任务：一人单独临的壁画有五幅，另跟随史苇湘、霍熙亮二位先生合临一个洞窟的窟顶部分。这些壁画的绘制时代有北魏、西魏、北周、初唐、盛唐、晚唐。画面保存状况有清晰完好的，有变色严重、形象不清的，还有残破的，基本涵盖了各种不同类型壁画的现状。临摹起来有的比较好操作，有的难度较大。其中有第17窟（藏经洞）仕女人物画近事女图。这是一幅佳作，没想到能让我临摹这幅画。要临好这幅画有一定难度，难在线描。我能临摹这幅画内心自然是高兴的，可是又害怕，自知线描功力不济，只能先去临摹别的，腾出时间练习描线。

临摹开始我先选临了第299窟的睒子本生故事。这是一个北周时期的中小型窟，此图画在窟顶藻井外的周边，画幅不大，横长卷式，是宣扬忠孝思想的一幅故事画。"本生"指释迦牟尼的前世。故事画从左右两端开始到中部结束。右起：睒子是一个大孝子，陪同盲父母在山中修道，每日到河边取水，上树采野果侍奉父母。左起：国王乘骑进山狩猎，羊只奔驰。中部：睒子在河边取水，与禽兽为友；国王放箭误中睒子；盲父母抱尸痛哭；天神空中抛撒药物。图中人物形体较小，肌肤已经变为褐色，呈现着凹凸晕染痕迹，衣纹线条已脱落，临摹比较有把握。

一天，史苇湘先生来洞窟，我正在修画稿，他看过画稿后，为我讲述了这幅画的故事内容，并指出经文出自《大藏经》。我找到这段经文，经文说睒子中箭身亡，大风四起，电闪雷鸣，大地震动，山中禽兽齐声哀鸣。国王引领盲父母到睒子尸体边，盲父母抱尸痛哭，感动天神，使睒子复生，盲父母复明。我被故事的情节、气氛感动。经文不长，我抄录了下来，临画中常去翻读。莫高窟常住人员总共就四十几人，非常安静。在洞窟里临画，除了窟外林中微风掠过树叶的沙沙声，别的什么声音也没有，可我头脑里时不时闪现着经文中讲的大风四起、雷电交加、禽兽哀鸣的情景和睒子中箭身亡的悲惨境况。忽而脑海里又是一片空白，也忘了自己，临摹用笔也放开了。临摹效果自我感觉"良好"，至少是及格。临摹敦煌壁画了解其内容至关重要，不了解其内容，不知道自己画的是什么，临出的作品会缺乏激情。几十年来，每谈及临摹工作我就会想到史先生，是他的指引激发了我临摹敦煌壁画的兴趣，对我日后的敦煌艺术研究也有积极影响。

接下来临摹的是第 323 窟中初唐时期的张骞出使西域图。图中榜题尚可辨识，为"乃使博望侯张骞往西域大夏国问名号时"。壁画内容是明白的，但有误，汉张骞出使西域是为联络大月氏夹击匈奴，并非去问佛陀名号。这里是佛徒篡改历史真相用来宣扬佛教。画面简洁，有十三个人物，五匹马。汉武帝乘马，举右手作讲说状，群臣随侍。张骞向武帝跪拜辞行，身后是从行人马。背景是郊野，通壁山水的一角，人物颜色变成了黑褐色调，衣纹线尚可寻觅。汉武帝、张骞头冠只可看出个大概轮廓，随从人物头饰全无痕迹，头形变成了无后脑勺的怪异的尖顶头。一般观众对这样的人物头形是无法理解的，我作为临画者也感到困惑，几经琢磨才弄明白，尖顶头上原本都包有一个黑色头巾——幞头，随着时间推移，头巾的黑色脱落，头巾也就化为无形了。幞头是唐代士庶的普通头饰，包裹样式有多种。敦煌壁画中，据段文杰先生研究有"垂脚""长脚""牛耳""翘脚"四种样式。我一个初入洞窟临画的年轻人，对壁画的时代风格有的还难以分清，一时哪里能搞明白此窟尖顶头形人物幞头原本的样式，弄不清只好按原壁现状依样画葫芦。临摹任务是完成了，却留下了永远的遗憾——读者怎么样才能理解这"尖头顶"的形象。后来我在临画中逐渐感到要临好敦煌壁画，不仅要有坚实的绘画基本功，还要有相应的文史常识。

再说临摹第 17 窟晚唐壁画近事女图，我很喜欢这幅画。我才到敦煌不久，还没有正式临出几张画就分配来临摹这幅画，真是难得。这幅画色彩单纯，近乎是一张白描画，但要临好它有难度，我迟迟不敢下笔。段文杰先生是敦煌壁画临摹工作的奠基人，一生临摹壁画数百幅。他在总结数十年临摹、研究壁画工作时说，要临摹好敦煌壁画需要过三关，第一关就是最难过的线描关。段先生特别重视这点，我们一到敦煌，他就要我们练习描线。在临摹前两幅画时，每天的晚饭后或入睡前，我都挤出时间去练习描线，为临第 17窟这幅画作准备。练习描线用的是一种最普通的俗名"有光纸"的纸张，当时社会各行各业各单位公文的抄写、油印，以及小学生习字、写作业都用。这种纸的纸质韧性好、透明、价廉，很适合练习描线。即使价廉也要节约，一张白纸，先以淡墨线描，淡墨线上再以黑墨线描，正面描过了，再翻过去描背面，边角空白处也要描上手姿、脚趾，一张白纸最后全描满了黑线。美术组人员都这样练习描线。

我自觉有几分把握了才进入第 17 窟。这个窟不大，是晚唐释门河西都僧统洪辩和尚的影堂（纪念堂）。窟内有泥塑洪辩禅定坐像，坐像背后窟壁绘菩提树两株，左侧树下站立一近事女，着长衫，结双髻，腰系带，右手执杖，左手持巾，树上挂一挎袋；右侧树下是一个比丘，身披袈裟，两手执一柄双凤团扇，树

图 9　1955 年临摹的近事女图（莫高窟第 17 窟）

上挂一净水瓶。人物高一米许，墨笔勾勒线描挺拔流
畅，是一壁不同于菩萨的仕女人物画，被张大千誉为
"士大夫之笔"。洞窟小不能放进大画板，只好分成两
半画。面前是画板，背后有灯架，作画空间只有半米
多，这是事先没有想到的。壁画原作，画工在窟壁上
作画，任其纵横。我在宿舍练习描线没任何障碍。在
窟内面壁临画，要受原作制约，不能走样，可临画空

间的狭窄却限制了临画描线用笔的自由。无奈，在这
狭窄的空间再练习两次后，我心里有数了，最终完成
了这幅画的临摹（图9）。

我临摹的前两幅是唐画，跟随史苇湘、霍熙亮二
位先生临的第249窟的窟顶壁画，是北魏、西魏之际
的作品，时代风格完全不同。第249窟壁画内容佛道
相杂非常丰富，人非人，兽非兽，禽非禽，形象怪异，
满壁风动，技法与唐画迥异。我跟随二位先生临摹也
是难得的机遇。壁画面积约十平方米，分为东、西、
南、北四披和中心藻井。临摹时，我们采用幻灯放
稿。1942—1943年，张大千在敦煌临摹壁画，画稿是
从原壁上拷贝下来的。敦煌文物研究所成立之初，有
的临摹者也使用张氏遗留下的画稿。为保护壁画，常
书鸿先生禁止在原壁上拷贝画稿，规定临摹壁画不得
做原大临摹。1951—1953年段文杰先生带领美术组全
体人员临摹的西魏第285窟的整窟壁画临本是手起稿。
1955年我们临摹壁画开始使用幻灯放稿制作画稿。使
用幻灯放稿，减轻了纯手工起稿的工作量，提高了画
稿的精准度。我跟随二位先生临画，从幻灯放稿开始，
面壁修稿，拷贝画稿，一切工序自有先生指教。

幻灯放稿，工作简单，而操作起来又非常麻烦，
先要去洞窟拍摄要临摹的壁画，一平方米壁画至少要
拍五张胶片；再量出画面上物象之间的距离，把数据
标注在照片上。幻灯机是一个友好国家赠送给中国文

化部的礼物，文化部又调拨给了敦煌文物研究所。机身非常简单却很笨重，就是一个方形铁皮箱子，但镜头却很好。机子本身没有自动调焦距的功能。放稿时需要三人协作，一人操机调焦距，两人在画板上量尺寸，指挥操机人移动机身向前、往后、抬高、放低，全靠人工。这一工序最为烦心，但最需要耐心。机子旁边放着薄厚不一的几本书，还有薄厚不一的小木片，作为调距衬垫之用。机子稍微一动，画板上尺寸就是五六厘米之差。待到距离调好，机子温度又升高促使胶片变形。每张胶片能用的只有中心部分，画面边沿多变形。一幅大画拍几十张胶片，拼接也很麻烦。时间就是这样在反反复复、磨磨蹭蹭中流失，而在画板上实际勾画的时间并不多。

　　幻灯放出的画稿，只是形象的大轮廓，细部需要在洞窟面壁——仔细描画，这是真正需要时间的。我们在第249窟修稿时，霍先生发现窟顶北披壁画东王公的龙车下，红衣猎骑者前面白色底层下面，隐隐约约见有一个巨型怪兽形象。这个形象在幻灯放稿胶片上是看不见的。经与史先生共同辨识，它是原作者起稿时留下的遗迹，原本就是红衣猎骑者要猎取的怪兽。但由于空间太小，画面显得拥挤就被删除。这种辨识全靠临摹经验，如果当时只有我一人临摹是不会发觉的，也不会把它再显现在临品上。

　　史先生还为我介绍了壁画中的神兽"玄武"和山

羊、野牛、野猪、狼的生动造型。这些动物造型逼真，
表现的是在特定境况下一刹那间的那种灵性、生性，
即使在绘画发达的今天，也堪称是一流佳作。后来我
在汉画像石中发现了长腿龟与蛇相交的形象，在浙江
河姆渡五六千年前的遗址中出土的陶罐上看到了长腿

图 10　1955 年笔者在第 249 窟临摹壁画

野猪造型，我高兴得要跳起来。莫高窟壁画中这些动物造型原本都是从千年前的先人那里传承下来的。此窟壁画绘制方法与我前期临的唐画完全不同，它是在素壁上用土红线勾画出较为完整的白描稿，再行涂色。临摹此画之难在敷色。如果说临摹唐画敷色是填涂法、晕染法，临此窟窟顶壁画敷色用笔则需要挥洒，敷色之后不再加描"定形墨线"，人物、动物的关节要点部位有的勾描一笔"提神墨线"，加强其动态。这是我随二位先生临摹中感悟到的。如果当时要我一人来临摹，一定是用填涂法来敷色，临本也就失去了用笔狂放的韵趣，壁画原作那满壁风动的气势也就难以取得良好效果。

这一年我临摹的壁画不能说多，但包含了多种类型，对这些不同类型壁画都经历了初步临摹。虽说是初步，而且不同种类只临了一次，但它对我却非常重要。从学习方面看，我对这一年的临画收获是满意的（图 10 ）。

1956—1957 年研究所把临摹壁画工作重心转移到了榆林窟，1956 年集中人力对榆林窟第 25 窟进行整窟临摹，1957 年选临各窟代表作。我真正认识敦煌壁画，对敦煌壁画产生真挚情感，就是从初到敦煌时第一次来榆林窟看到段文杰、史苇湘二位先生临摹的榆林窟第 25 窟壁画起始的。没有想到两年之后，我也要来参与临摹此窟壁画。第 25 窟壁画保存完好如新，是敦煌壁画中唐时期的最佳之作。参与临摹此窟壁画工作的都是我的师辈，段文杰先生临摹南壁观无量寿佛经变，史苇湘和欧阳琳二位先生临北壁弥勒经变，李承仙先生临后壁北端药师佛像，李其琼先生临前壁门北文殊变和前室门南的南方天王，分配给我的是前壁门南普贤变和前室门北的北方天王。这样的阵势，我夹充其中真是鸡立鹤群，战战兢兢。能和各位前辈同窟临画当然是难得的学习机会，可眼下是"实战"而不是练习。各位同窟临画，免不了也有几分竞技气氛，我是小辈不在其内，我的目标还是冲闯线描关，抓紧一切时间练习描线。窟内空间有限，人多，画架、灯架相接，临画时每人就只有两平方米的地方，但互不干扰，除偶有色盘画笔相碰的响动，一切安静无声。

这次与先生们同窟临画与上一年和史苇湘、霍熙亮二位先生共同临摹莫高窟北魏第249窟壁画完全不同。那时三人共临一幅画，三人虽有分工，但各有侧重，仍有不少部分是"流水作业"。我基本穿梭在两位先生之间。临画时有许多问题我要向先生询问请教，相互不时也有交流。临摹方法也不相同。此次在榆林窟第25窟与先生们同窟临画各有任务。临摹此窟唐画重在人物造型，成功关键在线描。我虽与先生们相邻却不敢相近，担心稍不注意会影响他人临画。只能在下班后或上班前，大家都停了笔离开画板的短暂时间去看几眼。此时看到的段先生笔下的菩萨形象同两

年前看到的似乎不一样，菩萨好像各有神思；史先生勾
描出的天王、力士似有吼声；李先生画板上文殊坐骑狮
子的尾毛、颈部鬣毛是微动的。越看越感到压力之大。
段先生说过："中国线描出自书法，描线时运笔，就是
运力、运气，运力、运气就是运情。中国的绘画和书
法都是感情的产物，线中的抑扬顿挫、轻重缓急就是
感情的波动和节奏。敦煌壁画的线是充满审美感情的
产物。"当时我对敦煌壁画线描的认识还没有到这一深
度，练描线的目标就是达到与壁上原作形象相似。而
先生们在临摹中的线描追寻的是势、情、神。

　　榆林窟第25窟普贤变是我临摹的第二幅大长线描
人物画。第一幅是上文提到的近事女图，是世俗人物，
对其造型神态比较容易把握理解，而菩萨造型就难以
琢磨，不是我们通常说的那个"静"字所能解释得了
的。段先生一生临摹过数百菩萨人物，他们在同一静
态中却各有神情。对原作人物没有感觉、激情，临出
的人物也是缺乏情意的。我在榆林窟第25窟临摹的第
二幅壁画是前室的北方天王（图11），天王身躯超人，
着紧身甲，左手托宝塔，右手执长戟，脚下踏一鬼，
二地神相助；侧身有哪吒、辩才天女相随。画题"北方
毗沙门天王"。于阗国王自称是北方天王胤嗣，奉北方
天王号称毗沙门天王。毗沙门天王像在西域开始流行。
天王身躯高大，画像却无粗大的长线条。面部呈忿怒
之相，特征突出，临摹易于把握。不知为什么，我特

图 11　1956 年笔者在榆林窟第 25 窟临摹壁画北方天王

别喜欢哪吒这个人物，他裸体短裙身披虎皮，怀抱金
鼠，手拈摩尼宝珠。传说，唐朝安西都护府被敌军围
困，有金鼠入敌军兵营咬断敌军弓弦、军械，待援军
至，敌军溃散。哪吒怀抱金鼠或许与传说故事有关。
因为我喜爱这个人物，临起来也顺手，很快完成了这

图 12　1956 年临摹的壁画北方天王（榆林窟第 25 窟）

图 13　1956 年临摹的壁画普贤变（榆林窟第 25 窟）

图 14　1957 年临摹的说法图（榆林窟第 4 窟　白描　局部）

幅画的临摹。临完了这两幅画（图 12、图 13），我被调去参加敦煌壁画临本赴印度的展览工作。

1957 年我继续在榆林窟临画，重点是选择各窟代表佳作。我与李其琼先生合临第 4 窟北壁元代灵鹫山说法图，我一人临的第 4 窟东壁北端说法图白描局部（图 14）、第 3 窟甬道南北壁元代男女供养人像各两身（图 15）、第 6 窟上层明窗内门北蒙古王夫妇坐床供养像（白描）、第 35 窟东壁门北三身五代优婆夷供养人像、第 38 窟西壁五代弥勒经变嫁娶图。灵鹫山说法图是藏传佛画，图中二佛并坐，上身裸露穿短裙，戴高冠，饰手镯、膊钏、足环。铁线描，笔力刚劲，不同于唐画线法。下部画四身小菩萨并坐莲池。图两边沿画楹

图 15　1957 年临摹的男供养人像（榆林窟第 3 窟）

柱式长条山峦，山形全为直线图案装饰画，是敦煌石窟元代壁画中最富有装饰性的一幅精美佳作。几幅蒙古供养人画像，人物造型的民族特征非常鲜明，方脸盘，面部较平，眼睛不大。女供养人像下颌显秀，加上着民族礼服，一看便知是蒙古供养人像。可见民间画工中是不乏人物写生造型高手的。优婆夷供养人就是在家的女居士。第 35 窟画像一排六人，全是一个模样，直立，双手合十礼佛，身穿白色长罩衫，头裹白色大巾，全身通白。我临了其中三身。第 34 窟也画有四身。而莫高窟那么多的五代供养人像，却无一例这样的。不知是否与信仰或风习有关。这几幅画，虽说都是些小幅作品，但艺术内涵各有特色。对我来说在临摹征程上又向前跨了一大步。

在这次榆林窟的临摹工作中，为了保证大家的膳食生活，所里把莫高窟的马车也赶来了。每周去一次踏实乡采购食物，蔬菜品种虽然不多，但有时还能买到猪肉。可是经过炙热的戈壁加上八九个小时的车程，肉也会变味，于是我们便在榆林窟喂养了一头猪、三只羊，还有几只鸡。有马、猪、羊、鸡，也为大家单调的工作增加了些乐趣。榆林窟峡谷水草丰美，马、羊也通人性，早出觅食，晚归休息。马是站立睡觉，两匹马一匹头向前，一匹头向后，相依守护。三只羊就在马腿旁边就地卧下。有一天天黑后，两匹马回来了，三只羊却不见踪影。次日一早，工人就去寻找，峡谷两端无去路，石窟崖顶戈壁茫茫，能跑到哪里呢？谁也没想到第三天，三只羊又跑回来了，大家又一起高兴起来。8 月中旬，我们在榆林窟的临摹工作结束，回到莫高窟。

我自 1953 年 9 月 2 日到莫高窟，至 1957 年 8 月整四年，这一时期是敦煌文物研究所壁画临摹工作的最佳期、黄金期。在我来莫高窟之前，临摹壁画的业务人员总共只有六七个人，他们在段文杰先生带领下，通过临摹工作实践，已经奠定了敦煌壁画临摹工作的基础，形成了一套与敦煌石窟壁画保存现状相适应的临摹工作方法，基本摸清了不同时代壁画的画风、不同类型人物的造型特征，有了丰富的临摹经验，掌握了熟练的临摹技法，临出了一批高质量的壁画临本，其中1952—1953年集体合作临摹的西魏第285窟整窟原大临本、1955年段文杰先生临的盛唐第130窟壁画《都督夫人太原王氏礼佛图》、史苇湘先生临的盛唐第445窟壁画弥勒经变剃度图、霍熙亮与李承仙二位先生合临的晚唐第196窟壁画劳度叉斗圣变图（四十平方米）、李其琼先生临的初唐第329窟壁画乘象入胎与夜伴逾城图、1956年段文杰先生临的榆林窟中唐第25窟壁画西方净土变、史苇湘与欧阳琳先生合临的榆林窟第25窟弥勒经变等，代表了这一时期壁画临摹工作的突出成就。这些临本至今仍是库藏最佳临本。先辈们的壁画临摹正在由艺术性临摹向更高、更深入的研究性临摹拓展。我在此时来到敦煌，能与诸先生同窟临画实是难得的机遇。这几年，我临了两幅大长线条的唐代人物画、十几幅人物故事小画，与先生们合临了两幅大画。最难琢磨的是听法菩萨画像群，而真正残破、漫漶严重的壁画还没有临过。我临画的黄金时期才刚刚开始。

　　1958年，"大跃进"和人民公社化运动开始，敦煌文物研究所多年不受干扰潜心临摹壁画的黄金期也就暂时中断了。

惊蛰过后，大地解冻，莫高窟人开始了与往年一样的修疏水渠和植树的劳动，紧跟着接到县上要求我们去敦煌北湖荒地参加全县植树造林的通知，马车拉载着帐篷、灶具、行李，全所职工浩浩荡荡地奔赴植树地段。这片地是荒漠，地下五六米深可掘出井水，但水不能饮用。四月的天气昼夜温差大，晚上很冷，帐篷里地上铺了麦草，二十多个人合衣拥挤睡下，动弹不得。这里土层厚实，坚固如石，一镐下去，只能凿出一道白色印迹，脚底板踏铁锹，有人的脚已是红肿难忍。我们每日除去三餐饭，再无休息时间，但大家劳动热情很高，晚上星点灯火连续十多里。各单位有自乐晚会，电影队也来慰问，轰轰烈烈，非常热闹。早晨起来，我两手十个指头不能回握，只能直着，需要用热水浸泡几分钟才能活动起来。植树劳动强度大，吃饭不限量。我饭量不大，早餐也需三个馒头，六两！

经大半个月奋战，各单位完成任务陆续撤回。我们在4月底回到莫高窟，我痛痛快快洗了个热水澡，过了个"五一"休息日。可种植的树一棵也未能成活。没有水再好的树苗也活不了。紧接着是"公社"化运动，敦煌县宣布成立"敦煌公社"，莫高窟也成立了"公社"，吃饭不要钱。但"吃饭不要钱"实行不到十天，所长常书鸿先生宣布停止这一办法，"莫高公社"

也自行终止了。

当时不知道是谁提出在莫高窟建设水电站，我们听说要建水电站，人人赞成。工作、生活都需要电！"大跃进"时有一个口号叫"土法上马"，不论什么事，说干就干。我不懂建设水电站，每天只是听从领导调派，跟着大家去劳动。莫高窟前的大泉河只是一条小溪，唐代称宕泉，水可能大一点。《大唐陇西李府君修功德碑记》记载莫高窟"前流长河，波映重阁"，也可能是夸饰之词。现在大泉河成了一条小溪，供莫高窟人饮用，灌溉窟前林木是足够用的。不过冬季用水需凿冰，暑天中午十二时即断流，到次日凌晨水才能再流下来。其水流量能否发电，没人知道。建水电站工作量最大的是建蓄水库。工程从六月中旬开始，全所职工四五十人一起上阵，一人一把铁锹，还有一辆牛车和一辆马车，拉沙运土筑坝。莫高窟没有黏土，只有沙土。沙土能否筑水坝没有人知道。

敦煌城有个"水利培训班"，学员都是当年没能进入高中的学生，听说莫高窟在建水电站，自带行李、铁锹、粮票来参战，学习取经。一天分配我和李其琼先生跟随马车装运沙土，装卸拉运来回多次，每次空车返回我们都坐在车上，这一回不知怎的，马突然受惊狂奔起来，李先生被甩了下去，我也被吓住了，待赶车师傅勒马把车停住，我飞速跳下车向李先生跑去，她正在痛苦地挣扎着从地上往起来爬，我上前扶她被谢拒，问了几声也不回答，万幸，没有摔伤筋骨，第二天她继续参加修建水库的劳动。修建水库堤坝历时近三个月方才完成。发电机是文化部调拨给莫高窟的一台额定功率为3000瓦的小电机。机房设备是孙儒僴先生依据领导要求设计的。一切齐备。国庆节前的一天，领导通知当日午后开始发电，大家都跑到水电站去看这一激动人心的发电启动时刻。我也去看。走出中寺院大门没几步，忽见上寺院大门上的电灯闪亮了，同我一起走的还有两个人，齐声喊"亮了，亮了"。两座寺院大门之间相距只有十几米，我们话音未落，灯光却消失。到了水电站，我在靠边的角落找了一个地方站下，望见领导神情凝重，围绕着电机看。聚集来看的人又围着领导们。我离电机较远，看不出有谁说什么，也没有听到什么，就先行离开了。

紧接着是"大炼钢铁"。铁矿石场就在三危山中，距莫高窟不太远，但山谷便道路不好走。大炼钢铁由敦煌县统一组织，矿石有专人开采。莫高窟马车早去晚归，一次可拉运半吨多。为支援大炼钢铁，七里镇石油公司赠送给莫高窟一辆老旧的美造雪佛兰大卡车拉运矿石，卡车虽然老旧，但车厢是铁的，不怕矿石碰砸。那几年这辆破旧大卡车为莫高窟人帮了大忙。那时候我们莫高窟人还编排演唱节目，到杨家桥乡农业生产队去演出作宣传，到三危公社大庙生产队的农家院墙上画壁画（图16）。

图 16　1958 年在敦煌三危公社大庙生产队农家院墙上画壁画时留影（左一为关友惠）

在"大跃进"中莫高窟人并未忘记自身临摹壁画的本职工作。在劳动间隙中，集中力量临摹了两幅重要的经变画，一幅是盛唐第217窟北壁壁画西方净土变，原壁画基本完好，由段文杰先生主笔，稍加整理临摹；另一幅是盛唐第172窟北壁壁画观无量寿经变，北壁原壁下半部多残损漫漶。史苇湘、万庚育二位先生和我临摹中央的"净土说法会"，李其琼先生临左侧"未生怨"，冯仲年临右侧"十六观"，整体为现状临摹。此图中央"净土说法会"中的殿堂楼阁、水榭月台，建筑空间透视空阔辽远，烟波浩渺无际，是敦煌壁画中西方净土境界图最佳之作。由于画面下半部分残破严重，多年来迟迟再未有人临摹。临摹残破壁画费时费力，我们先用黑白胶片幻灯放稿，再面对原壁一点一点修稿，弄清线描物象断线、色块相互之间的关系，尽量使观者面对这样残破的画面能留下一个具体的完整印象。这幅临本是库藏中第一幅完全以原壁残损现状为标准的临本，质地感真实，清晰度也有所增强。

1959年，"大跃进"还在继续，我们从"大跃进"的生产劳动渐渐转回到自己临摹壁画的本职工作。所长常书鸿先生调往省上新建的兰州艺术学院任院长，敦煌所务由李承仙先生临时负责，但她也常往返兰州与敦煌之间照顾常先生，又要经办敦煌工作，所以本年壁画临摹工作并无详细计划，只是确定为临摹"供养人画像"和"飞天"两个专题，具体临哪个洞窟、哪幅画由临摹者自己到窟内去选择。这"无计划"的临时办法，为我提供了自由入窟选择临摹、了解洞窟壁画的机会，但工作比较麻烦琐碎，我每天提上凳子、画板去审洞子，观摩、选择、比较、确定之后，即开始临摹。临完之后，再去挑选、临摹。先生们比我熟悉洞窟，一些隐蔽在平时不为人注意的犄角旮旯里的佳作被挖掘出来，我选临的大都是在人们眼皮底下常见的那些画幅。

供养人即开窟造像的施主，是有名有姓的真实人物。但画像却是理想化的，是一种大时代风格造型，并非肖像画。供养人画像多画在窟口甬道壁上，受风沙侵蚀，日光直射，多已漫漶，墨线都已脱落，只残留下色块和面部晕染色迹。这项临摹是作为服饰专题临摹的，对其形象需要加工整理、复原。而完成这一任务，需要临摹者有一定的临摹经验。这几年我已积累了一些经验，基本把握了各时代的造型特征。对这些画的整理、复原临摹费时费工，还需要对同时代中同类型的作品作调查。飞天在壁画中是处于佛国空际演奏音乐、抛撒香花、娱佛、护法的小神祇，主要绘于佛殿楼阁、林木华树、华盖幡幢之间。由于所处空间环境的制约，其身姿变化无定，飞动依飘带助力，造型想象力美妙丰富。而临摹时，要求只选取飞天人物，省去环境物体。飞天脱离了原壁的空间环境，其美姿顿时失色不少，也为我选临时增添了困难和麻烦。

　　这一年临摹的供养人画像、飞天都不是原大，画幅小，画面人物少，画稿都是手起稿。临摹的壁画都是自选的，为了对临本负责，我在画稿上有时还用铅笔注明用工"×时×分"。手起稿比借助幻灯放稿费时费力，但记忆深刻，是美术工作者学习、认识、研究敦煌壁画的最佳方法。我在本年这些零碎的临摹工作中对此深有体会。

　　除了这些零散的小幅临本，还有两幅大临本。1959年10月1日是中华人民共和国成立十周年，国庆节期间敦煌壁画临本展将在北京故宫展出（图17、图18、图19、图20）。榆林窟第25窟整窟原大临本

图17　1959年临摹的壁画索勋、索承勋及侍从供养人画像（莫高窟第196窟）

图 18　1959 年临摹的壁画卢舍那佛（榆林窟第 25 窟）

图 19　1960 年临摹的男供养人像（莫高窟第 217 窟）

图 20　1960 年临摹的女供养人像（莫高窟第 217 窟）

也将参加展出。可是窟内还留有一些数量不多的壁画尚待去临，史苇湘先生、何治赵和我被派去完成这一任务，这是我到敦煌工作六年中第四次去榆林窟临画。我临了第25窟后壁中央的卢舍那佛（史先生临后壁北侧四菩萨，何治赵临窟门甬道壁上的宋画菩萨）。当年第一次去榆林窟临摹第3窟树下诞生图时闹出把"摩耶夫人"误写为"莫野妇人"的笑话，第二次去临摹第25窟时的紧张心情也已成为历史。这此来临卢舍那佛，勾勒的人物线描流畅，色彩柔润，行笔洒脱利落，自认为临得比较满意，按时完成了任务。

　　国庆十周年壁画临本在故宫展出之后，常书鸿先生派兰州艺术学院美术系学生来莫高窟实习，其任务是为北京新建的人民大会堂内甘肃厅和中国历史博物馆布展临摹壁画。指派我和冯仲年带领几个学生临摹晚唐第156窟壁画《河西节度使张议潮统军出行图》，史苇湘先生带领几个学生临摹同窟北壁《宋国河内郡夫人宋氏出行图》，段文杰先生、霍熙亮先生、李其琼先生带领几个学生临摹第159窟西壁佛龛内外及上下两侧整壁文殊变、普贤变屏风画。张议潮出行图横长8.5米，高1米有余，人物百余。画有号角鼓吹仪仗、音乐舞蹈、文武随从护卫、节度使旌麾坐骑及后卫军需供应、驼运、狩猎等等，内容非常丰富，是敦煌壁画中很重要的历史人物画卷。时值寒冬腊月，天气很冷，我们在窟门外加装了一扇玻璃门，十多人挤在窟里，空气非常不好，但可以少受些寒冷。我们按要求如期完成了这一临摹任务。

1960年，形势发生了变化，莫高窟人同敦煌县各机关、事业单位职工一样，都放下业务工作去拓荒种地。研究所临摹壁画工作的黄金期暂时中断，这一停就是两三年。

四

测绘壁画

经过两三年农耕生产劳动，到1962年粮荒基本好转。大家吃饭，虽然不敢放开肚皮吃，但也不再是饥肠辘辘。常书鸿所长特批业务人员在春节前去北京参观考察。国庆十周年北京新建起十大建筑，也是这次要参观的一项内容。参观时没有强调事事统一行动，而是松散自由的，我和几位同事去了西长安街的民族文化宫和中国人民革命军事博物馆。里面展品很多，种类非常丰富，但时间有限，只是快步匆匆浏览了一遍。中国历史博物馆是我参观的重点，在那里观看了一整天。中午就在过道观众临时休息的椅子上坐下吃了一块面包。五千年的历史文化想要在几个小时内看完是不可能的，而展品大都是第一次见到，很多展品以前也没有听说过，我越看越不想离开，但时间还在不停地流逝，无奈只能选择重点，挑最重要的历史时段、最精致的展品去看。在唐代文化艺术展品中看到段文杰、李其琼、霍熙亮先生在 1959 年为之临摹的敦煌莫高窟中唐第 159 窟西壁整窟佛龛壁画，临品非常精致。改革开放后，我曾多次去博物馆寻访，连碎纸残片都未找见。如今，还看不到有谁能临摹出那样高水平的敦煌壁画临本来。

这次到了北京才知道，敦煌壁画飞天、供养人画像专题展在故宫的展出刚刚结束。这次专题展规模不大，领导就自己布展参展了，没有调派所内人员参与。接着要去上海展出，这次不只是两个专题，而是整体大型展，所有临本都在北京，所里通知我、冯仲年、聂海青，还有霍熙亮先生一起随展品去上海布展。这次的临品展是国内展出中临本数量最多的一次。展览主展区在河南路的上海博物馆，专题展在上海美术馆。开展当天，文博界、美术界、文艺界专家学者名人云集，到场参观祝贺。人很多，影响很大，展览非常成功。

我是第一次到上海，一切都很新鲜。我的第一印象是上海比北京繁华，大小商店卖的吃的东西很多，各种糖果、糕点品种繁多，在街上常看见有人手里拿着一块糕点或一粒糖边走边吃。西北人可不是这样子。能见到这么多好吃的，我只要口袋里有钱，一次至少也要买上半斤。展览期间，我们吃饭在上海博物馆职工餐厅，大米饭、面食都有，小菜品种多样，小咸鱼干还是免费的。我们的双眼多盯着吃的东西，可能是在西北工作多年缺乏好的食品，"饿"怕了的缘故。第二个印象是上海的冬季太冷，我们三个年轻人和霍先生住在博物馆最高层十楼的一个房间里，十楼就这一间孤独的小屋。晚上职工都下班回家了，除了守门的值班人员，就我们四人。十楼没有电梯，楼道没有照明灯，室内没暖气也没有煤炉，非常冷。住了几天实在太冷了，我们搬到一家"东亚大旅社"，登记了房间付了房费，晚上到了房间内发现同样没有取暖设施，我们也就没有去住，白白花了一天的住宿费。上海冬天的冷是湿冷，湿冷比大漠的干冷更难受。风也厉害，一天我走在南京路通向外滩口那一段，一阵大风扑来，头上的长毛大耳扇帽子被吹落在地上打滚，我在后边追，临近的行人看见都在笑。后经常所长特许，我们也住到了他住的国际饭店，这是上海最高级的饭店。一个小房间加了两张单人小床，四个人住下略显拥挤，但人挤更暖和，说说笑笑很快乐。年三十晚上常所长邀请我们四人同他全家一起欢度除夕夜，吃年夜饭。菜虽不多，但品质高。

春节假期后，领导通知我们次日随同他们一起返回敦煌。因时间紧迫，我们无法买到有座号的车票，上了车只能站着。车厢里的人如同罐头盒中的鱼，一个紧贴着一个，行李架上放满了大筐、小包、米袋子，一个紧挤着一个。旅客一大半都是在大西北工作的上海人，那里食品缺乏，回来一趟总要想方设法尽量多带点回去。一个人离开，四五个人扛着大小包裹送行，到站自有人接。我们没有多的行李，只有数寸立足之地，一直站着过了河南商丘站才找到一个座位，原先站立的空间又让给了后续上车无座位的旅客。车到兰州站，常所长全家下车去了他们在兰州的家，我们又经过一天一夜才回到莫高窟。1962年上海展归途是我一生中最艰苦的一次旅行。在那交通困难的年月，我是有过在硬座椅底下躺卧经历的，但也不比这次难挨，一是车程太长，约三千公里；二是春节刚过，返程人多，又都是长途，车内环境不佳，人易疲劳。

兰州艺术学院撤销之后，一批有志于敦煌研究的人员如贺世哲、施萍婷、刘忠贵、李永宁、姜豪、何鄂等来莫高窟工作。他们的到来为研究所带来了新气象。之后又有文化部副部长徐平羽带领一大批专家来莫高窟考察石窟保护和专业研究工作，其中有雕塑家、文艺理论家、古建筑学家、文物保护及治沙专家。

北京大学历史系教授宿白先生带领学生樊锦诗、马世长共五人到莫高窟实习，并就敦煌石窟研究问题为研究所业务人员作了七次讲座。所里新成立了石窟考古组，人员有历史专业的贺世哲、孙修身、潘玉闪，文学专业的李永宁、刘忠贵，加上我、刘玉权、霍熙亮先生三个临摹壁画专业人员。石窟考古与我们临摹有什么关系我不懂，领导要我们先去窟内看北大学生做石窟测绘工作。他们在窟内地面上拉起经纬线，用经纬仪测定方位，壁上挂起坠球基准绳，用皮尺丈量高低，测量塑像。考古组组长是谁已记不起来，具体事情是要对洞窟进行"排年"，就是把每个洞窟按修建时间早晚进行排列，要我们画画的业务人员到窟内把壁画中那些有关的人物图像用卡纸画下来作排年资料。除我们三人外，还有美术组一些人也被调来参与画。这项工作热闹了一阵子，随着北大师生的离开，也就冷了下来。考古组一个考古专业人员也没有，画卡片排年，怎样排？我们不懂，其实领导也不知道怎么搞。每天的工作都是领导临时调派的，真的想不起来这一年我都做了些什么工作。

形势转好后，业务人员放下专业长时间去种地劳动的情况少了，但临时性干两三天的农活还是少不了的。到1963年，樊锦诗、马世长由北大考古专业毕业后分配到考古组来工作，此时才明确考古组的工作任务是编写敦煌石窟全集报告，并在北京聘请专家学者成立了编委会。编辑石窟全集报告的参照物是20世纪50年代日本人编写出版的《云冈石窟》一书。我们三个临摹壁画的人员的具体工作就是为编写《敦煌石窟》制作测绘图。编写石窟考古报告我不懂，制作石窟测绘图对于我临摹了五六年壁画的人来说，只要把测绘方法、要求讲清楚，并没有什么难处。

考古组的石窟测绘工作是从第290窟开始的。马世长领着我和贺世哲，还有其他几个人。马是学考古专业的，我们听他指挥，按他说的去做。工具很简单，就一个经纬仪、一个皮卷尺、一个坠球、一团线绳和一个绘图板、一张绘图米格纸、一支铅笔。工作就是拉经纬线，测定方位，测绘平面图，攀高梯挂坠球基

图 21　1963 年笔者在第 290 窟测绘壁画

准线丈量剖面图。两个人量尺寸，一个人在图板上绘图（图21）。我是第一次经历这样的工作，觉得工作方法非常简单。

马世长在登梯测量北壁西端剖面时，发现飞天下面的图案白粉底层里隐约可见"辛仗和"三个字，他说不准又让我上去看，在场的其他人也都看了，的确是"辛仗和"三个字。字写得不好，很可能是画工在作粉壁地仗前书写的自己的名字。马世长是考古专业人员，对这种迹象很注意。要是我在临画中看到这些与壁画"无关"的迹象很可能就忽视了，想不到这三个字包含着石窟建造、壁画绘制的许多信息。

用这种简单的方法和简单的工具测绘简单的平面图、剖面图是可以的，可是测绘塑像如佛、菩萨像就不行了。凭一条坠球基准线、一只皮卷尺是无法测绘塑像、壁画的。第290窟只测绘了平面、剖面以及中心柱的正面图就停止了。领导决定改测第248窟，这是一个中小型北魏窟，内容不太复杂，原作未经后代重修过。石窟测绘图对石窟考古研究的重要性，宿白先生在"敦煌七讲"中讲得很明白，但怎么去测绘他没有说。这种测绘工作此前还没有人做过（日本人编辑出版的《云冈石窟》中的测绘图并非实测绘图）。第248窟的测绘工作就我们三个临摹壁画的人做，别人也插不上手。测绘平面、剖面图简单，时间不长就完成了。塑像怎么测？壁画怎么测？没有人能告诉我们，需要自己想办法。听说在对野外考古挖掘中遗落的器物绘图时，是用一种网格架在遗物上作尺度进行绘制。这对我很有启发，我亲手制作了一个100×50厘米、厚5厘米的双层网格，每1厘米挂一道白线，每5厘米挂一道红线。网格与图板上的图纸米格尺度相同。测绘时，把网格悬固在塑像前面，通过双层网格观察塑像，选择关键部位节点，在图纸上标注，依其所在方位把诸节点连接起来，塑像测绘图也就完成了。这种测绘方法需要两个人协作，一人观察网格，报告节点所在方位，另一人在图板上依观察报告绘图。这种测绘方法看似土气笨拙，但能解决问题。

我们不再反复攀高爬低，减轻了身体劳累之苦，加快了测绘进度，测绘准确度达到99.5%，误差仅0.5厘米。铅笔测绘图完成后，再用绘图笔把铅笔线图描成墨线图，然后把墨线底图拷贝在硫酸纸上（一种透明的绘图纸），最后用感光纸制成蓝图，至此测绘工作才算全部完成。第248窟整窟测绘工作完成之后，常所长把测绘图带到北京请编委会专家、学者审查，回来说了十个字："考古家满意，美术家点头。"这是对我们第248窟测绘工作的肯定，也是对我们后续工作的激励。

在对这个窟的测绘工作中我还有另一个收获。测绘中心柱塑像时，发现四面龛的八身胁侍菩萨头部面形尺寸近似一致，我马上想到"模具"两个字，一时激动得几乎要喊出声来。新疆石窟、麦积山石窟佛像都是泥塑，也都发现过制作佛像的模具，唯独敦煌石窟没有发现过。敦煌石窟泥塑佛像是否用过模具是个谜。现在我们的实测数据给出了答案——敦煌石窟北魏泥塑佛像制作使用过模具。事后我又亲自测量了北凉第275窟北壁三身思维菩萨、北魏第259窟北壁三身坐佛像，其面部数据都证明这些佛像是用模具制作的。

石窟测绘工作对我们临摹者并没有什么难处，可制图我们都没有做过，是在孙儒僴先生指导下学来的。孙先生是石窟保护组组长，是学建筑的，在石窟测绘、制图方面他是专家，我常向他请教这方面的工作，他的帮助我始终铭记在心里。石窟测绘工作是最普通的一般性工作，可是要把测绘图制作好也不容易。测绘的对象是塑像、壁画，是有艺术生命的艺术品，而测绘图要求图像是数据第一，绘图只能用绘图笔，不能用毛笔，更不能用光影。用绘图笔描出的单线佛像与菩萨像，要使人喜欢、爱看，是很难办到的。为此我曾向孙先生请教过，也与樊锦诗多次议论过。她是编写《敦煌石窟》报告的执行人，对测绘工作也很关心。石窟测绘图在确保数据精准的前提下，还应有点艺术性。这点我们看法相同。为此，我在读《考古》《文物》这类刊物时特别注意测绘图的制作。

第248窟测绘完成之后，接着是第285窟的测绘。这是一座覆斗顶形窟，建于西魏大统四至五年（538—539年），内容非常丰富，艺术性极高。用我那双层网格无法完成该窟如此丰富精细壁画的测绘任务。幸好此窟有整窟原大壁画临本底稿白描图，樊锦诗决定利用原临本底稿转化为测绘。在当时没有精密测绘仪的条件下，这也是一种可取的办法。她也参加了此窟的测绘。当时不知领导为什么经常调派我们去干一些临时性的事情，有一段时间来洞窟上班的只有她和我两个人，这个窟的测绘工作我也只参加了一部分，就被调出去做别的事情，我的壁画测绘工作也就从此中断了。

那些年形势常有变化。1964年，常所长计划在1966年举办莫高窟建窟1600周年纪念活动，开始筹备展览工作。我又被调去临摹壁画，制作第17窟模型。我和史苇湘、李其琼二位先生临摹了第323窟南壁初唐的迎佛图。这是一幅3.2×3.6米的大型壁画，上半部分是迎佛盛况：一艘华丽的大船，运载着一尊巨大的石佛立像，船夫划桨，纤夫拉纤，缓缓从江海上向岸边而来，岸上众多信徒云集恭迎。敦煌壁画中此内容仅此一例，绘制艺术无有相同者。下半部分是等同人高的大菩萨行列。菩萨装饰华丽，神态庄严。1924年美国人华尔纳盗窃了画面中的"迎佛大船"（现藏哈佛大学赛克勒博物馆），精美的壁画惨遭破坏。

为使临本充分呈现壁画现状的真实感，我们在板壁上用泥浆制作地仗。泥浆就是莫高窟前河床里每年山洪冲积沉淀的沙土，俗称"澄板土"。取来的澄板土经浸泡、过滤制成清泥浆，加入适量麻、纤维。板

图 22 1964 年笔者在第 17 窟临摹藏经洞外壁壁画

材选用了一种国外进口的纤维板。这种板材板面宽大，不易湿水，有弹性，不易折。板子正面光洁，背面呈麻点状，正适合刷挂泥浆。幻灯放稿，再进窟内面壁修正线稿。全图除大船遭华尔纳盗窃破坏外，其余均保存完好。画面色彩全变为赭褐色调，我们作现状临摹。这种临摹方法比较费工，如时间充分，临本效果的真实性和质感都会比较好。这幅临本是研究院陈列馆库藏第一件泥板临本，效果可以乱真，但这并不是敦煌壁画临摹工作追求的唯一目的。第17窟（藏经洞）模型的制作就我一个人。窟门外壁的宋画菩萨是欧阳琳和我两人合临的（图22）。这项工作与临摹第323窟迎佛图一样，是为了揭示藏经洞发现之后，一些外国探险者、寻宝者，还有强盗接踵而来，钻进藏经洞，致使洞藏千年的文书、佛经、绢画等国宝惨遭损失的厄运的事实。

莫高窟建窟纪念会筹备计划因没有得到上级批准，我们的工作也就终止了。接着是"社教"运动，所内抽调了我们六七个人，其中贺世哲、樊锦诗等人参加。敦煌县社教团先到玉门矿区集训学习，后又移地酒泉。集训学习结束后，我被遣回了莫高窟，其他人去了山丹县下乡进行社教工作。

这两年我的工作比较零碎。1965年开展莫高窟石窟加固工程时，在窟前遗址中发掘出一残存佛龛，龛内主尊为一半跏坐像，残损严重，两身天女塑像比较完整，龛壁上有残留纹饰。原误为西夏时代作品，实应为宋代之作。领导即派我去做测绘工作，编号第491窟。下半年，我又被调去酒泉参加"社教"学习，下乡到一个公社进行"社教"工作，先后参加公社"社教"展览、酒泉地区"社教"展览工作，直到1966年夏返回莫高窟。紧接着是敦煌县开始"社教","社教"还未结束,"文革"又开始了……

1971 年,所内正常业务工作还未恢复。我的大部分时间是在水沟种地劳动。本职工作能记起的只有一件:樊锦诗安排我做窟前发掘遗址模型。这活我没有做过,但已有何鄂和甘肃省工艺美术厂罗代魁做的两座遗址"样板"。他们二位都是雕塑家。我接过图纸资料,有样可寻。我喜欢去做一些没有做过的新工作,从中可以学到些自己未知的知识。这个遗址模型是小型模型,铺地花砖只有指甲片大,残壁上泥皮层次都要如实制作彩画。在那段时间里我基本是一个"聋哑人",一个人静静地在一个无任何人干扰的房间集中精力圆满完成了任务。这是六七年前窟前遗址发掘工作遗留下的一点扫尾工作。在当时形势下,樊锦诗要我做这个模型,是否是要恢复考古组业务工作,我就不知道了。

1972 年春节后,大约 3 月中,政工组通知我和万庚育、欧阳琳去陕西省博物馆临摹墓室壁画。这事来得突然,我根本没有想过我还能有这样的好事。一时激动,如困鸟出笼,身释枷锁,飞上云端。

我们三人到了陕西省博物馆,住了两天,乘卡车去了乾县乾陵文物管理所。管理所设在永泰公主李仙蕙陵园内,前边是管理所办公区,后边是陵墓。管理所是县上的文物机构,省上来的墓葬挖掘、临摹壁画人员都住在这里。房舍有限，我在门房和两个守门的年轻人住在一起。初春时节，这里天气还不暖和，他们烧了火炕，夜晚关了门，拉上窗帘，放开留声机听秦腔。

接待我们的是范文藻先生，1948 年他曾在敦煌艺术研究所工作，与段文杰、史苇湘、欧阳琳先生是老乡、老同事、老朋友，后来离开了敦煌到陕西省博物馆工作，他是这里临摹壁画工作的负责人。这里的墓葬是乾陵的陪葬墓，自东向西分布了四座，分别是章怀太子李贤、永泰公主李仙蕙、懿德太子李重润墓，还有一座未发掘。墓葬间距约七八百米，距西北方向的乾陵约三四千米。李仙蕙墓是 1962 年发掘的，1971年发掘了李贤和李重润两座墓。国家文物局局长王冶秋来考察发掘工作，听说壁画临摹工作量大，人手不够，就说，"把敦煌的人叫来"。范先生电话向敦煌文物研究所传达了王冶秋局长的指示，我们也就被调了过来。我们临摹的是李重润墓壁画。过了一段时间，传来消息，段文杰、史苇湘、孙儒僩、李其琼、贺世哲先生都被召回了莫高窟。

这是我第一次下到墓室临摹壁画。唐朝墓室壁画的宏大气势使人震撼，墓主人的皇室生活被画工在壁画里一一描绘了出来。墓室壁画是世俗绘画，与敦煌佛教壁画完全不同。除去内容不说，就壁画艺术而言，敦煌壁画艺术的发展明显受大唐中原地区的影响，但受内容的制约，地域环境的不同所形成的不同系统艺术差异仍是明显的。

在这座墓室里，我与博物馆的人员罗建福、周新民共同临摹了大量人物出行并城阙楼阁图。这是一幅大型壁画，约七八平方米，我一人单独临了一幅"架鹰人"，一幅"阉宦掌钥人"。这座墓的墓道长，墓室深，入地二十多米，特别潮湿。6月大暑天，墓室还燃烧着木炭火盆，工作人员腿膝包裹着羊皮护膝。欧阳琳、万庚育二位在墓室内临摹宫女图，因煤气中毒，发生昏厥。幸好遇见西安医学院一行人员来参观，他们中有医护人员，众人帮助将欧阳琳、万庚育二人扶出墓室，在墓外地上铺了两张苇席，让她们躺卧休息，约半小时后恢复正常。事后我建议给每人做一条塑料布裤子，代替木炭火盆防潮湿。在西安做好的塑料裤很快就带来了，每人一条，但只穿了半天，大家都就不穿了。我忘了皮肤也是要呼吸的，塑料裤不透气，穿上腿发胀。一群科盲，闹了个大笑话，浪费了几百元。

李重润墓壁画临摹工作结束之后，万庚育和欧阳琳回了莫高窟，我被留下来临摹李贤墓壁画。两座墓葬是同时发掘的，墓室壁画临摹工作先后有多批、多人参与，壁画精华部分多被先行者临摹临绘了，我们是晚来者，临绘的多是剩余的被认为不佳或残损者。李贤墓壁画剩余未临绘的是墓室壁画，壁画残损非常严重，绘技也比较粗糙。参加临摹的博物馆人员有唐

图23　1972年在陕西乾县临摹唐墓壁画时与同人在乾陵文管所院内留影（第一排坐凳子者右四为关友惠）

　　昌东、巴龙，还有一位名字已不记得，他喜爱书法，常谈褚遂良、虞世南。我临的是后壁李贤夫人后宫花园休闲图。临摹工作结束时已是冬天，这一年我的时间基本是在乾陵陪葬墓室度过的（图23）。

　　我的考古测绘壁画业务在中断十年后，随着形势的好转也排上了日程。1973年，由樊锦诗主持，她和马世长带上我这个绘图员开始对北朝石窟作全面调查，进行时代分期工作。樊锦诗、马世长二人出自北大考古专业，都是高材生。在多年的工作中，我已经从他们那里听到、感受到、学到了不少石窟考古方面的知识。

我还跟随樊锦诗发掘了一座晋墓。在这次发掘工作中我只是一个旁观者，跟着看，当然也跟着学。除联系组织劳务民工事宜，我一直是在认真学习的。当时正是六七月，天气很热，我们住在距离墓地有段距离的新墩农业生产队，每天一早就赶一辆小毛驴车奔赴墓地，中午返回，饭后再去墓地，每天往返四次，同劳务民工一样辛苦。大约到了第十天，墓下深有七八米，斜坡墓道底部出现了墓室门。此刻大家心情非常紧张，不知是喜是忧。打开墓门一望，我们傻眼了，只见棺盖翘起，挂着绯红、湛蓝、米黄各色丝绸，可霎时间色消物失。樊一句话没说。墓被盗了，盗了个精光，半个陶罐也没留下。发掘也就完工了。我不懂，也不便说，但理解她的心情。那几天她未再去墓地。我一人每天仍去墓地守护，以防有人扰乱，等候她的决定。天气热到了极点，虽有帐篷，但帐篷内比太阳下还要闷热，无奈只好下到墓室乘凉。墓室空空，蹲在地上，又觉湿凉。我没事无聊，见四壁脚下的虚土就随便去刨。万万没有想到，在墓室东南角竟刨出一个漆耳杯，杯横宽约二十厘米。耳杯外壁有"麟嘉"

年号。"麟嘉"年号有二：一是前赵刘聪的316—318年，二是后凉吕光的389—396年，但不知是哪个麟嘉。真是一个惊喜！我急忙把耳杯用湿沙土埋好，返回莫高窟，带了一桶水，一个脸盆，一块五厘米厚的玻璃，还有胶布，赶上小毛驴车回到墓地。把耳杯取出泡入水盆，盖上玻璃，用胶布封好，带回莫高窟。这也算是我在考古组工作中的一点意外收获吧！

现在继续说我参与樊锦诗主持的北朝石窟时代分期工作，期间曾派我和马世长去各石窟进行考察。第一站先到了云冈石窟。大同气温比敦煌低，且多风。那时已是4月份，我们早已脱掉了棉衣，当来到石窟大门口，却见有几个人各提着几件"退役"的军用棉大衣向前来参观的游人吆喝出租。还有几个提篮小贩。进了大门，窟前游人三三两两或三五成群，已正式开放参观了。而莫高窟还是冷冷清清，像是还未睡醒。云冈石窟领导和同行们热情接待了我们，安排我们在窟前新建的平房招待所住下，并送来两件御寒棉大衣。他们已经恢复了正常的业务工作，工作人员都充满激情和活力。

我算是第三次来云冈石窟。第一次是在1955年，段文杰带美术组全体人员从北京来参观，那时我对石窟艺术还不甚懂，参观留下的只是一个环境印象。第二次是1966年同蒋毅明去北京路过参观了一次。那时游人多，乱哄哄的，也没看好。这次来之前翻阅了一

些资料，对石窟概况大致已有了解。开放参观之初窟
门全都敞开着，我们就自行去看窟。我考察的侧重点
是石窟装饰纹样和佛像造型。云冈石窟高大，全是雕
刻，石窟四壁下端残蚀严重，难以辨识，高处佛像仰
观均呈变形状。幸好他们有日文版《云冈石窟》，晚上
我俩就翻书，弥补了窟内实地参观之不足。我们精神
畅快，身体舒适，连续看了两天。马世长听说他的一
位同窗前天才从这里离开去了五台山，第三天一早他
就去追赶。我一个人又继续参观了一天，然后南下到
了太原。

到太原我先去山西省博物馆，目的是搜寻佛像。
接待我的人听说我是从敦煌文物研究所来的，又是临
摹壁画的，还是山西老乡，格外热情，还拿来了他们
新近发掘临摹的一幅墓室残画让我看，画没头没尾，
可能是"朱雀"的一部分。没有纪年，可能是北朝晚期
的。他们觉得时代应早些。我拿不准，不能乱说。他
们又让我看了右玉县发现的佛教法会水陆画，是明清
作品，三尺小幅，绘技工整，保存完好，据说曾去北
京展出过。这幅画比我后来在甘肃省博物馆看到的民
乐县发现的水陆画好一些，民乐县的水陆画亦是明清
作品，画幅大，据说是山西商人从老家带来的，保存
状况不佳，后送甘肃省博物馆去修复。从这里可以窥
测出明清时期山西地方寺院佛画绘制的盛况。

我最大的收获是在这里看到了馆藏的二十件北朝

大型石佛像和造像碑，这正是我此行寻求的。北魏、东魏、西魏、北齐、北周的都有。其中有八件出自晋西南运城地区。八件中又有两尊佛像，出自我的家门口——临猗县孙里村村西。当时两尊石佛深埋在农田中，胸部以上露出地面。住在我家对门、我的同龄小朋友水生多次约我去看，他姐姐的家就在孙里村。当时我太小，又处在日本人侵占之下，兵荒马乱，家人看管得严，因而没有看到。没有想到儿时想要看而没能看到的神秘的石佛像，三十多年后却在这里见到了，而且是眼下我正要寻求的研究对象，心里的喜悦滋味可想而知。

传说神像灵验，人不敢移动，有人把像挖出来后第二天又自行埋入地下了。村民对石像的敬畏，使之得以保护。1950 年，文物普查时石像被移运太原，入省博物馆保护。两尊石像，一尊高 3.30 米，西魏大统十四年（548 年）造；一尊高 3.32 米，北周（557—581年）造。534 年北魏分裂，晋西南（今运城地区）属西魏—北周，晋东南、晋中归东魏—北齐。从两像造型看，东、西魏初期与北魏末期的风格没有多大差异。运城地区八件作品中北周五件，除一件造像碑人物雕造甚小，另三件立佛和一件一佛二菩萨龛像，头部造型均为方墩形，发髻呈低扁状。而出自太原的一件北齐立佛像的头部造型与北周的方墩形又有点相似，说明北周佛像这一特有的方墩形头部造型源头仍在北魏，其地也应在山西一带。博物馆还赠送给我一册《山西石雕艺术》。这一天真是收获很多。

第二天我去了晋祠参观。乘市郊公交车，道路坑坑洼洼，汽车晃晃荡荡，二十多公里走一个多小时。晋祠是全国重点文物保护单位，我是专门去看那闻名于世的四十三身北宋彩塑的。到站下车，一时惊讶了，原以为就是一座圣母祠大庙，眼前看到的竟是一片庞大的建筑群，圣母殿、唐叔虞祠、关帝庙、水母楼，宋、元、明、清建筑连成一片。有限的几个小时，真不知怎么去分配，只能先去看圣母殿内的彩塑。据介绍圣母殿建于北宋太平兴国九年（984 年），面阔七间，进深六间，高 17 米，"为中国古代罕有的建筑之一"。游人当时可以进入殿内零距离参观。四十二身宦官、女官、侍女彩塑分别排列在圣母像的两侧壁前，身高齐人，体态清秀，衣带、襞褶繁缛，容姿各异。如仔细去看，四十二人头像非常相似，可能是用同一模具翻制的。用模具制作佛像在莫高窟北魏石窟、山西明清时期寺院罗汉群像中都有例证。模具制作群像省力省时，大小同一，头像安装好后，稍加捏塑粉饰，即显现变化，也不影响艺术效果。莫高窟保存完好的宋代彩塑不多。佛教塑像与世俗塑像不同，其衣裙巾带头冠装饰均有定制，但大时代艺术风格还是相同的。菩萨像造型已不似唐代那样有近似男性壮士的双肩，宽大的胸部渐变为小肩、平胸，不显臀髋，清秀婷立，如少女体态。但这传自中原的造型风格也模式化了。看完圣母殿的彩塑，别的只能跑马观花了。

第二天我南下到了运城，回农村看望父母，在家住了两天。我与同行者马世长已约定在洛阳龙门石窟的会面时间。去年我在陕西乾县临摹墓室壁画时已回来看望过父母，在家住了七八天。那时公职人员没有探亲假，几十年中，回家看望父母都是趁出差路过，顺便回家住上两三天。虽不能在家多待，可却省了自己花路费。那时每月工资只有几十块钱，敦煌到运城车程一千九百多公里，往返路费可不是小数目。我们如约到了洛阳龙门石窟文物保护管理所，文管所所长温玉成是马世长的北大同窗，我们的生活、参观、专业交流没有任何障碍，一切通畅。当然用餐还是要自带粮票自付餐费。

这次我是第二次来龙门石窟，第一次是1955年随段文杰先生来的。龙门石窟是北魏王朝从平城（大同）迁都洛阳后建造的，与云冈石窟一样都由皇室建造。北魏建的宾阳洞、古阳洞，唐高宗时建的奉先寺，是其最佳的代表窟。痛心的是旧中国时政府无力保护，惨遭国内外强盗劫匪严重破坏。中华人民共和国成立之后建立了石窟保护管理所。我们连续看了两天。古阳洞闻名于世的"龙门二十品"造像题记碑刻就在这个洞里。主尊佛像被认为是清秀风格的北朝典型造像。此窟龛像非常丰富。窟体特高，有十多米，窟内空间显得有点狭窄，游人难以看清全貌。我们运气好，进洞正遇窟内搭起十多米高的工作架，拓印碑刻的师傅正在工作。师傅听说我们是从敦煌来的，便聊了起来，并给我俩每人送了两张"二十品"拓片中的精品。我带回莫高窟，蒋毅明（敦煌文物研究所第一代讲解员）看到后爱不释手，借去"孙秋生"一品，贴在她办公室墙上，后来丢失了，我只留下"始平公"一品装裱成轴收藏。这些造像题记为保护文物，此后已禁止原碑拓印。现市面所见"二十品"拓片均为复制版。

　　温玉成所长还陪同我们去了巩县石窟参观。在龙门石窟附近一个小站乘了火车，是趟慢车，在巩县站下车，乘公交车到一个乡镇终点站，又步行了一个多小时到石窟。附近农村的小学校设在这里，代行守护石窟职责。石窟只有五个窟，另有三个摩崖大像，其规模虽不能与龙门石窟相比，但仍是皇室建造，是龙门石窟的延续。艺术上虽少了些宾阳洞的恢宏气势，但仍延续着北魏造像样式。华丽的装饰，纹样雕刻，使用了一种被称作"平锜浅地"的手法，简易省工，更显装饰性。莫高窟北朝晚期至隋代石窟的装饰明显受到了这种样式的影响。遗憾的是这里的石窟也遭到了严重破坏，很多佛像的头部被盗劫。

　　来去匆匆，我们参观完毕回到洛阳已经入夜，大家饥肠辘辘，一天没吃饭了，跑了几条街找到了一家未关门的饭店，专卖饺子。算我们运气好，这在当时还是少见的。四个人要了三斤饺子，几分钟后，饥肠渐渐平息了，饭桌上还有两盘未动，大家都笑了。温玉成所长只好打包提上。出了店门，边走边聊，走不多远，只听"扑通"一声，食品袋破了，饺子全掉在地上。可惜，真可惜！夜晚街上无人，我们快速离去。温、李二位各回了家，我和马世长去了火车站。跑了一整天，确实累了，能买到车票，能上了车，算是很顺利。

次日我们到西安，在碑林的陕西省博物馆附近找了个旅馆住下。西安碑林是全国重点文物保护单位，始建于北宋元祐二年（1087 年），藏有汉魏至今的碑石、墓志近三千件，许多著名书法家如怀素、褚遂良、欧阳询等人的代表作品都集中在这里。我们要寻访佛像雕刻，却没有可借鉴的作品。马世长对碑文有兴趣，期望从中得到点对我们此行有用的东西，我们挑拣着看了半天时间，又趁便参观了半坡博物馆、大雁塔和小雁塔。

随后我们又去了耀县石窟。石窟在耀县药王山，距西安不到百公里。下午上了火车，实在太累，两人都睡着了，醒来时车已过站。所幸我们坐的是慢车，每站都停。到下一站我们下了车，夜幕已经降临，摸黑沿着铁路线走了两三个小时到耀县站，已是零点了，在一个小旅店住下。次日早晨我们匆忙赶往药王山。其山因唐代大名医孙思邈隐居于此而得名，其中著名的是药王殿和孙思邈的医学论著——数以千计的药方碑刻。佛教造像只有北魏、隋、唐时期的摩崖像龛三处，佛、菩萨尊像四十余尊，且分布零散。尊像以唐代为多，形体不大，身姿柔情优美。这类形体不大，身姿柔情优美的唐代菩萨造像，在甘肃庆阳北石窟、炳灵寺石窟都可见到，是佛教雕塑研究中不应遗漏的。马世长对孙思邈那些碑刻有兴趣，看了不少。限于时间，我们下午离去，途中在咸阳换乘，去天水麦积山石窟参观。

我这是第二次去麦积山，第一次是1955年11月随段文杰先生带领美术组来的。那时我们在北道埠火车站备了伙食，乘马车，经一天行程方到石窟。石窟管理所就王所长一个人，院子里还住有一个和尚。石窟附近没有人家，非常荒寂。上石窟的木栈道有的路段还没有通达，有的路段踏上去吱吱作响，真的有点怕。这次来情况已大不同了。所长张学荣是1962年从莫高窟调来的，我们曾是同事。石窟保护管理已有完整的组织和制度，登窟栈道已全部修通，很安全，同参观龙门石窟一样顺利。

麦积山石窟是地方民间建造的佛窟，不可与皇室建造的宏伟壮丽的云冈、龙门石雕佛窟相比，只能说是些小窟，可窟数现存将近二百个。泥塑佛像，绘饰壁画。皇室的石雕佛像体大、威严，信奉者可望不可及；这里的佛像形体不大，庄严、祥和，就在奉者身旁。如与同为地方百姓建造的莫高窟彩塑、壁画相比，这里的宗教气息清淡了些，而多了几丝世俗味。最早的第47窟和第48窟供养人题记有"仇池"的，保存壁画最多的第127窟和第135窟，装饰华丽的上七佛阁这些代表窟，都可作为莫高窟时代分期研究的坐标参照窟。辨识分析各地域石窟艺术的差异作借鉴，对我们敦煌石窟研究非常重要。

麦积山石窟栈道空悬，攀登路线曲折回旋，没有向导，游人凭窟号次序无法找到要去的洞窟，上了窟也难以找到返回来的路线，上下洞窟往返一次需要一个多小时，费时费力。我们时间有限，最后一天我与马世长决定减免午餐。没有想到讲解导游陈菊英和小王两个小丫头提着开水暖瓶，送来了午饭，我们非常感动。问她们登窟栈道狭窄、高险，还提着饭食怎么能上来，不怕吗？她们笑着说，不怕，习惯了。后来我又多次去麦积山，大家成了好朋友。

离开麦积山到兰州，去炳灵寺石窟。石窟在永靖县刘家峡水库的上端。我俩先是乘汽车到水库，再乘游船前往。近一月的石窟考察旅行，越往西行，路途所见越凄凉。水库大坝上面是一片平整的特大广场，行人寥寥，非常宁静，没有一家像样的商铺。我们顺着广场周边的店铺走了一圈，没有什么好买的，也没有什么好吃的，就直接去了码头。码头一样冷清，停靠着一条船，有十多个候船人。经打问，开船没有固定班次，没有固定时间，依具体情况而定，让我俩在这里等候。快接近中午了，候船的人也不到二十个。不过船还是起航了。水库内行船与江河行船不同，一片宽阔平静望不到头的水面，两岸也看不到庄舍人家，就我们一条孤船，非常孤寂。逆水行船，航速非常慢，心里发急。船主说，船到石窟只停靠一小时即返回。一小时是参观不完的，怎么能返回？其实这与我们无关，我们今天是不返回的。不知为什么，心里就是这么想的。

航行了近三小时才到石窟。石窟谷口两边石壁耸立，顿感自我的渺小。岸边也是冷冷清清的，有三五个人，是摆地摊卖供奉的香表纸张、水果食品的。崖壁半腰，有两处挂着五彩幡旗的拜佛道场，下船的人除我俩外都向道场去了。我这才明白没有固定班次，乘船去参观石窟的游客是非常少的。这里也没有固定的码头，只是一处临时停靠的岸边，并随着水位的升降移动，距石窟还有二三百米。进入石窟谷沟，一边是高四五十米的石窟群，一边是高崖下平台上石窟保管所的驻地。保管所只有四人，负责人是王万青。他在 1960 年曾去莫高窟参加省文化局举办的文物保护学习班，我们曾见过，算是老朋友了。保管所小院是这里唯一有建筑房舍的约二三百平方米的一块平地。室内除去简陋的木板床、桌、凳，再无别的设备。最困难的是交通问题，燃料、食物运不进来，进来不容易，要出去也困难，生活很艰苦。崖壁上蝎子特别多，晚上他们拿着手电、玻璃瓶去抓蝎子。全蝎是中药，价格昂贵，一斤可卖几十元。当时每人月工资才几十元，不抵一斤蝎子钱。一次可以抓到七八只，抓多了也可以添补一点生活开支。

我俩是第一次来这里参观，重点调查第169窟。石窟就在小院的对面，相距约五六十米。第169窟距地面高近二十米，是一个没有开凿过的天然窟，一眼看上去像缺了半个锅底的破铁锅，边沿只有不到一米宽的斜坡可以立足。佛像就在这高低不平的自然地势上塑置。大小高低不一，分布凌乱。有"三身佛""五座佛""西方三圣龛"。现存最大的一尊菩萨像身高等人，腿及腹部均残，唯头部完好，非常珍贵。从其所处位置正对窟口和空间看，此窟原本可能是"一佛二菩萨"主像龛。"西方三圣"左壁向外处有一方西秦建弘元年（420年）造佛龛题记，是中国石窟修建现存最早的纪年。与题记相接的是一大片约四五平方米的壁画，壁画人物较小，都是大不盈尺的"说法图""维摩诘示疾""高僧像"等。马世长在窟口的一座佛像的背光处发现了一个北魏晚期"延昌"（512—515年）纪年。可证此窟的佛像塑绘至少持续了一百余年。

第169窟建窟时间早，内容丰富，是中国石窟艺术研究中一个重要的坐标窟。因为此窟是一个不规则的天然窟，窟内塑像壁画方位很难记述。没有照相机，我花了大半天时间用铅笔把那四五平方米壁画画了下来，回所后整理成一幅墨线图。我把那尊身高等人的菩萨头像也画了下来，后作为樊锦诗《敦煌莫高窟北朝洞窟的分期》菩萨造型参证图像的插图。天然石窟高悬空中，上下是走垂直木梯，在窟内参观、工作都只有立足之地，真是提心吊胆，我俩只上了一次。

第二天参观别的窟，记忆深刻的有两处。一是北魏晚期的"释迦、多宝二佛并坐"石雕像龛，窟号记不清了。佛像面部清秀到了近似切面像的地步。北魏后期流行起来的清秀造型样式，可见的如河南邓县彩色画像砖墓"飞仙"（即飞天，其地时属南朝）、麦积山泥塑菩萨、敦煌壁画飞天，流行地域非常广泛。佛像的清秀与菩萨的清秀还是有微妙差异的。如此相似的清秀佛像造型很是少见。我不喜欢这样的造型，因为它失去了佛家所说的佛陀慈祥的仪容和庄严的精神。这只是一孤例。但也有人喜欢这样的佛像，并和我讨论过，那是依世俗审美情趣而论，不可作为佛像造型立论。另有一个唐窟，石雕佛像已毁，一尊残损天王石雕躯干倒伏在地上，看样式原作雕刻也应是精美的。在这里摩崖小龛较多，唐代雕刻的小菩萨有的也很美，还有一尊唐代盛行的特大坐佛像。在唐代，这里的造像佛事仍处在兴盛时期。

我们结束了在炳灵寺的参观，此行石窟考察任务就算基本完成了。依时间推算，妻临产期就应在最近这些天，应尽快返回。一回到敦煌城就听说妻已平安生产，还在县医院。我快速到了医院，妻倚在产房卧床上，见我回来流下了眼泪。妻生了一个女儿，已第四天了。莫高窟人不多，大家都是多年老同事，不论谁出差在外，家里有事都会有人来帮忙。可是在妻身边陪伴的只有十岁的大女儿。我回来晚了。

1974 年，我又去参观了庆阳北石窟寺和永靖炳灵寺。这次去的人多，美术组有段文杰、李其琼二位先生，考古组有刘玉权和我，还有谁记不清了。不过此行是以参观户县农民画展为由头。当时社会上兴起一阵农民画热潮，以户县农民画为代表，上级组织专业美工人员去扶持指导。我们一行到了西安，就去参观户县农展，展地规模不小，参观者众多，真是摩肩接踵。天气正是暑期，空气中弥漫着一股汗臭味。随着人流，我们看了一个上午。另外我们去参观了正在考古发掘的秦始皇陵俑坑。秦俑坑是偶然发现的，当时对其规模还不了解，只发掘了七个站立的等人高的烧陶武士俑。大家只感觉新奇，却说不出个什么。发掘现场没有对外开放，我们敦煌来的算是文博兄弟单位，故特予接待。

此行的重点仍然是石窟，第一站是甘肃庆阳北石窟寺。那个时期出差最大的困难是交通不便。从兰州去北石窟寺，乘火车到西安，再改乘汽车，路程虽然远了点，但比从兰州乘大巴直达庆阳要方便快捷。依了解的交通情况，西安发往庆阳的班车每日一班，客满发车。次日上午我们找到了发往庆阳的班车车站，汽车站只有一个发售车票的窗口，没有可供休息的候车室，来购票乘车的人只能围着售票窗口站着，或在附近游转等候售票，从上午等到下午，一直等到傍晚，车站通知"明日有车"。段先生累了，还有老赵（赵枫林），他俩就躺在车站外商铺屋檐下的台阶上过夜。我感到这样似乎不安全，就和几个人又返回博物馆，在大厅廊檐下的台阶上躺下睡了。西安是北方火城，以往每年三伏天夜晚最繁华的东大街上，常见有一家人席地而卧的现象，见多也就不怪了。

第二天我们登上去庆阳的班车，途经彬县小憩。街上人群熙攘，一片热闹景象。闻名的大佛寺就在路旁。我们下车登上阁楼。坐佛高约二十米上下，唐贞观时建造，历代多次重修，如今又新彩重装，但唐代原作大形仍在。今日所见也算了了我的一桩心愿。到了庆阳，地区正在召开一个会议，住宿比较紧张，经交涉在地区招待所勉强住下。

北石窟寺在庆阳市西南的覆钟山下蒲河与茹河交汇处，此地没有公交车通达。次日早饭后，我们先乘返回西安的长途班车行了十多公里，在中途一个岔路口下车，沿着一条马车道步行，走了几公里，拐进一条只能步行的小道，路越走越窄，最后只能沿着田埂走。小道虽然狭窄，但比较平坦，并不难走。路两边是农田，有几块地种的是黄花菜（金针），一片淡黄色，散发着淡淡的清香。两个多小时后，下到一片河谷川地，石窟就开凿在谷地崖壁上。石窟保管所只有三个人，张鲁章也在这里。我听说过张氏，但未见过面。听说他为人厚道，先后在甘肃省博物馆、麦积山文物保管所都待过。他即使在 1960 年极度困难时期也坚守岗位，服从工作调配。今日相见，肃然起敬。保管所非常简陋，交通困难，买不到食物。石窟与一户农家仅一墙之隔，看状况农家更为艰难。他们养了两只鹅，见有陌生人来，便扇翅挺颈咯咯叫唤，像是要来啄人。据说鹅可以看家护院，当然也能给他们带来一些乐趣。我们带了馒头、烤饼、咸菜等食物，户主还是拿出仅有的几只鹅蛋招待大家，使我们感到非常不安。

庆阳北石窟寺为北魏永平二年（509 年）泾川刺史奚康生创建，历经北魏、西魏、北周、隋、唐、宋相继建造，现有窟龛编号近三百个。石窟地处丝绸之路北线之要冲，是陇东地区佛教石窟文化的中心。遗憾的是绝大部分石窟都被风蚀，雕像眉目难分了，不过从残存的遗迹，特别是最主要的代表窟第 165 窟基本完整的特大七佛立像，可以想象这些洞窟原本都会像龙门石窟宾阳洞一样华丽。体形粗壮、头似墩形、面形圆方的佛像样式，来自龙门，又西传须弥山石窟，并对莫高窟的北周第 428 窟和隋代第 427 窟有重要影响。北魏晚期，以洛阳为中心的佛教文化艺术西传，这在丝绸之路北线是非常清晰、明显、全面的。麦积山石窟艺术西传则是走的另一条重要路线。

北石窟寺参观结束，我们前往麦积山，这是此行第二站。我的运气好。两年前刚去过，现在又去了。后来还去过多次，那里美工人员少，多次都是为研讨壁画、雕塑工作去的。每次去那里，第127窟总是要去的，在窟内待的时间也最长。我最早接触认识的麦积山雕塑艺术就是这个窟的主尊石雕坐佛说法像，那是1956年印度举办纪念释迦牟尼诞辰2500周年国际佛教艺术展，我有幸参加了中国参展团的工作，携带敦煌壁画临本和麦积山第127窟这尊石雕佛像原大石膏复制品去新德里参展。布展时启开展品箱发现佛像手指多处断裂，我是学画的，不敢修复雕塑，想起飞往新德里时同机上结识的一位越南参展团的雕塑家，经使馆联系，这位越南雕塑家朋友非常热情，趁晚上展馆工作人员下班后，骑着摩托车，提一盏坐式汽灯（展馆尚未通电）来帮助我们修复佛像。事情过去六十多年了，我对这位越南雕塑家朋友仍记忆犹新，也牢牢记住了麦积山第127窟这尊佛像。

此窟西壁的西方净土变、东壁涅槃变、前壁残留的飞天线条痕迹，还有窟顶的乘车仙人，窟顶前披的睒子本生故事，都是敦煌壁画研究中不可或缺的重要参照作品。我详细看过麦积山杨晓东先生临摹的此窟壁画的线描画稿，壁画原本应是非常华丽的，可现状残损严重，想要临好这些壁画也是很难的。段先生要我把西方净土变中的那面华丽的大鼓画下来，他又把大鼓两侧的两个着长裙的舞蹈天人用铅笔画了，还有管理所赠予的此窟测绘图一并交我保管，却在返回途中，被我弄丢了，这是我的失职，很对不起段先生。

参观的第三站是炳灵寺石窟，此行走旱路。我们先乘长途班车出兰州西行，地势渐行渐高，虽是夏日，却少见绿色。中途在一个名为"王台"的地方的前一站下车，地名记不起来了。此处有一个围墙大院，院内有两排土坯房，但不见有几个人，可能是一个公社或农业生产大队的驻地。大院外有一间供销社小商店，附近没有人家。我们在这里稍作休息，又补充了些小食品，开始步向炳灵寺。步行在山间小道上，时上时下，忽宽忽窄。走在沙石地上脚底打滑，我生长在平川，首次走这种山路，走起来还是有点担心。见刘玉权行走轻快自如，我暗自佩服。

我们此行人多，还有麦积山的导游讲解员陈菊英、小王也随同前往，一路说说笑笑并不觉得累。我走在他们后面五六米，行程到一大半，此路段不算太窄，陈菊英却突然失足跌倒，顺着山坡滚落下去。老赵第一个跳下向坡下跑去，还有人也跟着跑下去。山坡没有石头，也没有荆棘，小陈滚落几十米后止住了，距离谷底还有几十米。所幸，人没有大伤，只扭伤了脚脖子，被扶上坡顶休息了一会儿，继续前行。快到石窟时，走下一道深谷，谷底不算太宽，两边种植着些花椒树，散发着淡淡香味。还有几处小寺庙。谷口直通黄河，左右石壁耸立，从这里看黄河在下方，石窟在右壁，文管所在左岸。我们是沿着左岸山腰走进文管所小院的。文管所同仁接待了我们，我去年来过算是熟人。此行人多，除三位女士，大家都住在会议室。到达石窟后，小陈的脚红肿起来，开始发痛，躺在床上，未能随大家登窟参观。

傍晚，大家坐在小院门外闲聊，这里是仅有的一块十多平方米的平地，居高临下，脚下就是黄河。经过一天长途跋涉的劳累，终于可以安稳休息了。才坐下几分钟，李其琼先生"唉"了一声。原来是蝎子爬进裤管，把她蛰了。她有过被蛰的经历，于是蝎子被捏死了。我也有过被蛰的经历。一个夏日，入睡前和家人在院子里闲坐，感到有什么东西在腿上爬，顺手去摸，一阵刺痛，这才意识到是被蝎子蛰了，点亮油灯来寻，蝎子已无踪影。蝎子毒性大，疼得钻心，我在屋里屋外团团转，折腾了大半夜。此行前就知道炳灵寺蝎子多，老赵还特意买了几头大蒜，据说大蒜味可以驱赶蝎子。谁也没有料到，到这里刚一落脚就遇上了个下马威。一时大家都紧张起来，急忙扎紧裤管，取出大蒜，把椅凳拼起来，在桌子上、长椅上和衣而卧。我这辈子睡觉不乱滚，在一条窄凳子上躺下来也安稳无事。

次日我们上窟参观。黄河水位上涨，小院与石窟之间拉起一道揽绳，拴着一条小船，入窟工作、参观就靠小船摆渡。我想要弄清楚的还是第169窟的残壁画，还有窟顶的几大片千佛画，这些壁画都是北魏的，但不是同一次绘制的。壁画和麦积山石窟的相同，都是白底色，敦煌和河西地区诸石窟的北朝壁画全都是红底色。后来我随孙儒僩先生和孙毅华还来过一次，想追寻个究竟，到现在几十年过去了，仍找不到答案。

那几年，我的工作不稳定。我的业务编制在考古组，又常被美术组调去临摹壁画。1974年，领导说有展览任务，要我去临画。这是我的本行，我也愿意去做。我选择临摹北魏第257窟的沙弥守戒自杀缘品故事画（图24）。故事说有一沙弥（小和

图24　1974年冬笔者在第257窟临摹壁画

123

尚）到一富家乞斋，家长外出访友，只留小女一人守家。小女见沙弥心生爱慕，向其求婚。沙弥严守戒律，以自杀结束。我喜欢故事内容，画面中的墙壁制作、起稿、涂色绘制序列皆有迹可循，这幅画尚无人临过，是我选临它的原因。画幅约为 66×458 厘米。从拍照、幻灯放稿、修稿、拷贝到涂色绘制，时间较长。进入冬季，直至结冰不能再画了。最后请刘玉权帮助画了几天才完工。这幅临本我自认为达到了工、精的效果，用笔如果再放开些就更好了。壁画距离窟内中心柱不足一米，临摹人与壁画是零距离，看得越清，画得越拘谨。临摹壁画的人应与原作保持一定距离（图 25）。

　　1975 年我又被派去甘肃省博物馆临摹酒泉丁家闸五号墓室壁画（图 26）。负责临摹工作的是张朋川（省博物馆工作人员），后来他对此墓壁画有过较深入的

图 25　1974 年临摹的沙弥受戒自杀缘品故事画（莫高窟第 257 窟）

图26　1975年笔者在酒泉丁家闸五号墓室临摹壁画

研究。我到那里时，还有一位张姓临摹人员，时间不长他就离开了，就剩朋川和我两人，从此我们成了好朋友。我们住在墓葬所在地农业生产队的一间公房里，在农家吃饭自付粮票餐金。两人合作得很愉快。此墓时代不明，大约应在五凉时期。墓为砖砌双室，前室方形，约十平方米，覆斗形顶，中心画一朵小莲花。
四面披分别画东王公、西王母、天马、仙人。后壁中
部为通往后室的门，门上方两侧画墓主人宴饮、乐舞
图。左、右、前壁画农牧和炊事图。后室面积约九平
方米，拱券顶，后壁画丝帛物品。敦煌莫高窟第249
窟（北魏、西魏）、第285窟（西魏）的形制亦为平面
方形，窟顶为覆斗顶，窟顶四披壁画为佛、道内容，

图27　1975年临摹的壁画墓主人宴饮图（酒泉丁家闸五号墓室）

与墓前室壁画有多处近似。

我临摹了墓室的"天马"和墓主人宴饮图（图27）。我特别喜爱天马的造型，细腰，小喙，腿细长，与武威东汉墓出土的著名的"马踏飞燕"铜奔马造型风格完全一致。莫高窟北魏第257窟"九色鹿本生"故事画中的马的造型也与之一样，是汉画中西域名马的标准艺术造型。在中央电视台播出的介绍新疆昭苏县物产的画面中，我无意中看到了汉画里这种名马的原型，一时激动地喊起来："天马何须问大宛，昭苏山中乘飞骑。"逢人便说，汉画中的天马就在这里。其艺术造型在河西走廊流传五百余年，后渐为唐代韩干型的马所取代。

在这次临摹工作的间隙，我们还去参观了文殊山石窟。从酒泉城内乘公交车到文殊公社下车，步行约五公里，入祁连山即到达石窟所在地，依行政区划是肃南裕固族自治县一个公社的驻地。这里除公社机关大院，还有一个供销社商店。居民没有几户。石窟分前山和后山，前山现存只有两个窟，一个是中心柱型北凉窟，一个是西夏窟，后又经明代重修。北凉窟壁画绘制技法略显粗糙，但窟顶平棋装饰纹样系西域民族之风，在敦煌以东石窟所未见，格外重要。后山从遗迹看，应是洞窟的集聚地，洞窟多是用土坯垒建而成，今已全部塌毁，无一幸存。我们在一处重层残画中发现了蓝色青金石。青金石价比黄金，盛产于阿富汗，天梯山、莫高窟、新疆石窟早期壁画绘制多见使

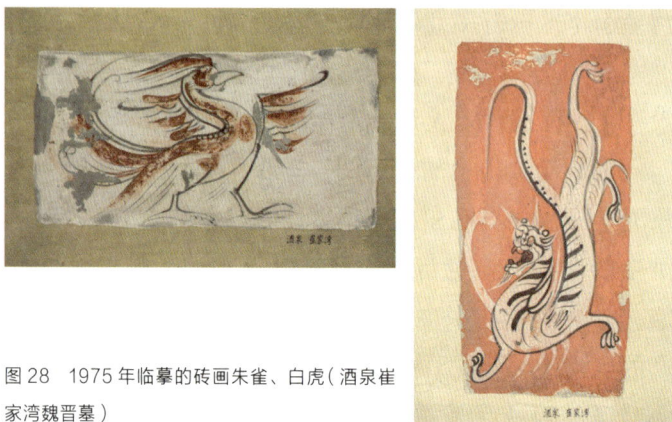

图28　1975年临摹的砖画朱雀、白虎（酒泉崔家湾魏晋墓）

用这种昂贵的蓝色石料。我在酒泉群艺馆还临摹了崔家湾魏晋墓砖画朱雀、白虎（图28）。

　　结束了丁家闸墓室画的临摹，回到莫高窟时间不长，又派我去嘉峪关文物管理所临摹墓葬壁画。墓葬在新城。其实新城古墓与丁家闸古墓是同一墓群，从北向南散布着许多魏晋时期墓葬，延续长约二公里，这一区域现今被划分成了两地。这次要我临的是新城十六号墓棺板画。负责这次工作的是文管所人员宋子华，几年前见过面，算是熟人。墓室已清理完毕，是一座方形单室砖墓，墓室比丁家闸的墓高大。墓室顶是介于穹窿形与覆斗形的样式，是本地常见的魏晋墓室样式。棺盖用塑料布包裹埋在墓外的沙土里，适逢冬季，塑料布上面留有一层尚未完全融化的薄雪。我们用一辆农用平板车，将棺盖拉到附近农村一间平时不用的公用房间里。我急切地打开塑料布，看见一幅颜色鲜亮的伏羲女娲图，很漂亮。湛蓝底色上画着两个相向的人物，上半身人体，下半身蛇形，所谓的人头蛇身。男性伏羲，手执规器，身拥"金乌"（日）；女性女娲手举矩尺，怀抱"玉兔"（月）。衣染淡黄，面点胭脂，墨笔简练，是汉画风韵，很美。却没料到时隔一夜，次日发现画面颜色发灰了，湛蓝底色上泛起片片白霜，生出白色绒毛。这才意识到棺板开始脱水。如果当时揭开塑料布看完之后，再包裹起来，变色就不会这样快。在农村破旧的土坯房里，冬季没火是要结冰的，生火后温度升高变色更快，只能燃点柴火，使温度不到冰点。当即下笔开始临摹，已变色的部分即以变色处理，未变色的部分照原样画。真是与时间赛跑，快速临摹，两天完成了任务。临本效果，自我感觉不错，就将其带回莫高窟，请裱画的李复师傅裱好，两个月后，文管所所长亲自来莫高窟，在下寺我交还给他。那时文博单位相互协助都是无偿的。据说，这件临本后来流失到了国外。很遗憾，我们却没有留下一张照片。

在嘉峪关他们还拿来另一座墓葬出土的一幅残画要我临摹。是一件尺幅小画，粗麻布底，上面刮涂一层白粉作画，四边用木板条制成一个框架。画布残损严重，从残片看是一幅宴饮图。我拷贝了线描图，但仍难以构成完整形象，只好放弃。另外，我还临了两块魏晋墓砖画。嘉峪关新城魏晋墓曾发掘了几座壁画墓，多是一砖一画。我选临了一幅独角兽（犀牛）、一幅犁耕图，准备带回莫高窟。我每次外出考察总想带回一点东西给大家看。文管所所长看见后说想要留下，于是我就交给他了。

敦煌文物研究所人员外出参观考察石窟次数最多的恐怕就要算我了。同仁调侃说这是我一心画佛，感动佛天所赐的机缘。1977 年，我首次去新疆考察石窟。这次考察名正言顺，是为敦煌北朝石窟时代分期而去的。马世长领队，人员有段文杰先生、潘玉闪（考古）、祁铎（摄影）和我，历时一个多月。五人中除祁铎在 1961 年随北大阎文儒教授去过一次，我们四人都是第一次去。

我们到乌鲁木齐下了火车，先去了自治区博物馆，副馆长李遇春先生两年前曾去莫高窟考察，大家都见过面。新疆地域辽阔，石窟分布广，主管者是所在地基层管理部门。石窟都在无人烟的山区，多数时间无常住管理人员，参观联系比较麻烦，需要请博物馆帮助解决。马世长找到了在考古队的他北大的师兄弟，了解新疆文物遗址分布和考古发掘情况。我们人生地不熟，没有他们帮助真是寸步难行。经联系人介绍，我们住进了乌鲁木齐市南端的一处招待所，这在当时是比较好的一个宾馆。博物馆在市区北边，公交车少，往来街边候车要等好长时间。街上饭馆少，用餐也要沿街去找，工作生活都很不方便，或许是我们初到还不适应。在乌鲁木齐市的几天我们重点参观了博物馆展出的新的考古发掘，印象最深的是唐墓出土的一束人工绢花，那真是色质如新，工艺精湛。如果把它拿出文物展室，很难使人相信这是千年前的唐代遗物。还有几件唐墓出的伏羲女娲绢画，也很精美，都是吐鲁番阿斯塔那墓地所出。我们还去燕儿窝公园瞻仰了陈潭秋和毛泽民、林基路烈士陵园，后游览了天池。

在与各处联系好参观事项后我们即离开乌鲁木齐前往。第一站是库车，我们乘长途班车经达坂城、托克逊，过干沟、焉耆，夜宿库尔勒。沿途一切都觉新奇。达坂城的风特别大，但无尘土，尘土留不住脚。街长，商铺却没几家。树木主干粗大，头小叶疏，枝叶长不大就被风吹落了，景物苍凉。托克逊真是个火炉，金秋九月仍然酷热难耐。班车在此稍停，路边有几家小饭馆，旅客有的要用午餐。干沟内的公路不知何时已被山洪冲毁，只能见到遗留的残迹，车沿着沟内碎石路缓慢爬行。路上车不多，尘土蔽天，人坐在车内也被呛得将要窒息，比我二十多年前初到榆林窟乘马车穿越三危山的路还要难行。两个多小时车才爬出干沟，傍晚到达库尔勒。第二天，我们一路向西，去库车再无大山深沟，路程也没有距乌鲁木齐那么远。可是又遇到了修路，许多路段只能走便道，又是尘土飞扬，颠簸爬行。

车到库车天色还早，街道宽阔齐整，行人不多，使人舒畅。我们住进了县招待所。库车有新老两城，新城是市机关单位所在的中心区，老城是市民集居地、商业中心。两城之间交通是用毛驴车，每车可坐七八人，车篷挂饰着五颜六色彩带，车跑在路上彩带呼呼飘扬，也很好看，惹人注目。巴扎集市之日，驴车更是穿梭往来不息，乘客也需要排队等候。我们去老城参观也是乘坐这特具欢乐情趣的毛驴车。老城是古龟兹的都城，是唐代安西都护府驻地。考古挖掘出土的大酒缸留给我的印象最深，一排整齐的五口大缸，每口缸之大估计可盛一千升酒。可想古龟兹酿酒业之兴旺。

石窟主要分布在以库车为中心的一带，其中以克孜尔石窟规模最大，有二百余窟，是我们此行考察的重点，位于库车至拜城公路中间克孜尔镇以南，划归拜城县管辖。在库车联系好考察点事项后，我们先去拜城县找主管文教工作的领导和克孜尔石窟文物保护管理所负责人姚士宏。他为保护文物常年奔波于拜城到石窟之间。次日姚士宏陪同我们乘班车去石窟，在克孜尔镇下车，雇了一辆毛驴车。石窟在镇以南约十公里处，道路没有太大的沟沟坎坎，其实就是条便道。这里是一片戈壁滩，平时少有外人来这里。行约两小时，下到一块河谷滩地，石窟开凿在谷底崖壁上。新疆的石窟都是凿在坚硬的砂质岩壁上，并非人们常说的石质洞窟，如云冈、龙门石窟或坚固的砾石岩莫高窟。洞窟分布在谷西、谷沟内、谷口东和后山四个地段。谷内有一股清泉流出，水质甘美，灌溉着窟前几亩盐碱沙地。

石窟保护管理所常住人员是两个小青年，王建林和另一个人。姚士宏有时也住在这里。另外还有维吾尔族老人尼亚孜全家也住在这里，凭借着属于他们耕种的几亩沙土地维持生活。窟前一公里是木扎提河，从西向东流过。姚士宏和王建林，还有那位我记不起名字的小青年，住在仅有的几间只能维持生活的土平房里，守护着洞窟。他们养了几只火鸡。我第一次见到火鸡，体态巍峨，昂然阔步。这里荒地广阔，杂草繁密，任其游荡。与之为友也可排遣孤寂之苦。我们被安排在"客房"里，并排四间土平房看上去很陈旧，也很少有人来居住。可能是 20 世纪 50 年代修建的，墙体有五十厘米厚，窗户外小内大，像个喇叭口。室内光线明亮。四间房门外设一长廊，连成一体。夏日防热，冬天御寒，是当地居民发明的的智慧建筑。后来，王建林去考学，学习绘画专业，毕业后，成为龟兹研究院临摹壁画的主力。他到莫高窟去参加学术研讨会，我们见过面，也通过几次电话，多年不见仍倍感亲切。我仍清晰记得第一次到克孜尔石窟，是他每天为我们做饭，赶毛驴车去镇上采购食物。有一次他还特地去镇上买了半桶酸奶。在他的热情帮助之下，我们这次参观考察工作得以顺利进行。参观结束后，又是他赶着毛驴车把我们送到克孜尔镇，搭乘长途班车返回库车。

克孜尔石窟艺术是西域佛教艺术，内容属小乘，艺术风格是西域风，是不同于敦煌石窟艺术的另一体系，但两者之间又有密切的关系。克孜尔石窟开建略早于敦煌石窟及甘肃河西诸石窟，并对后者有极大的影响。这种影响完全超出了此前我对新疆古龟兹石窟艺术的想象。以往阅读敦煌石窟艺术研究者论著中谈及其所受外来影响，只知有印度"犍陀罗"，却不见有龟兹石窟艺术的东传。论者可能没有去参观过新疆石窟。这影响主要有三点：一是洞窟形制。克孜尔的洞窟大都中心是一方柱，象征佛塔，方柱两侧和后部均留隧道。窟顶、隧道顶为拱形。中心柱窟形是其基本形制，数量最多。另外，也有些数量不多的方形穹窿顶窟、方形叠涩顶窟。敦煌及河西诸石窟的中心柱窟正是仿效其形制建造的，不同的只是窟顶是拱形与平顶的差异，这可能是考虑到不同地质的原因。二是壁画绘制技法相同。据研究，敦煌石窟、天梯山石窟的北凉、北魏壁画使用的颜料与克孜尔石窟壁画相同，如青金石、金箔、石青、石绿。人物肌肤色彩更是效仿"西域凹凸晕染法"，敦煌石窟壁画中有大量使用，青绿色彩及其鲜明的装饰性都直接源自龟兹石窟艺术的影响。三是壁画稿样的影响。敦煌石窟早期稿样种类并不多，只有少数几种，如割肉贸鸽的尸毗王本生、施头听法的月光王本生几种故事画。这些应是敦煌奉行大乘佛教，与龟兹盛行的小乘内容不同有关。而在敦煌等地重新组构的画稿中常见有龟兹服饰人物、龟兹乐舞人物、龟兹石窟壁画故事中的人物。龟兹石窟艺术对敦煌和河西诸石窟早期艺术的影响是直接的、具体的、非常明显的。克孜尔石窟的洞窟数量多，内容丰富，但遭受的盗劫破坏也极为严重，塑像无一幸存，四壁上的壁画完整者已经不多。虽经几天参观考察，对此还不能有全面完整的了解，有些问题还来不及思考。

参观克孜尔石窟结束后，我们返回库车，接着参观克孜尔尕哈、森木塞姆、玛扎伯哈等石窟，以及苏巴什佛寺遗址、库木吐喇石窟。这些遗存都分散在库车周边的山地谷沟中，但都没有驻窟人员看守。那时还没有租车这一行业，交通比较麻烦。联系好车辆，还要寻找石窟具体看管人员，而这些石窟看管人员又多是托管、代管，联系工作费去许多精力和时间。距库车最近的石窟是位于城西北约十几公里的克孜尔尕哈。石窟凿在谷地崖壁上，有六十多个窟，位置也比较集中。壁画内容和艺术形式与克孜尔完全一样，只是故事画内容不及前者那么丰富。使我惊喜的是在一个窟里看到了敦煌石窟中一种重要的装饰纹样"茶花纹"。其样式为花形五瓣，每瓣两列；花叶五列，肥短、头尖，或作波状枝藤连续，或以五朵环成团花。纹样实物，现知最早的是见于西安何家村出土的初唐金银器。在敦煌石窟，始见于唐天宝年间的洞窟壁画中，中唐（吐蕃占据期）普遍盛行，成为一个极具时代特征的装饰纹样。克孜尔尕哈石窟出现的"茶花纹"或许对其壁画绘制时代有某种提示作用。

森木塞姆石窟在城东距离较远的一个散乱的山地砂岩崖壁上，看路迹这里很久无人来过了。石窟分布比较分散，约五十余个。这里也有一个大像窟，窟高十多米，佛像已经不存。就像内地的石窟大都有一座唐代的大弥勒佛像一样，这个大像窟应是当年信众、游人礼佛的中心。我们首次来参观，看到壁画风格、内容与克孜尔石窟没有什么不同，只是略感不如那里的丰富。离这里不太远有一个村落，石窟看管员就是那个村的一个村民，是我们车经过的地方，行程比较顺利。

参观库木吐喇石窟时却遇到了意想不到的麻烦。石窟位于城西渭干河出山口东岸，这里建有一座水电站，石窟处在水库区内。我们到达这里联系到石窟看守员，方知水库水位上涨，阻断了进入石窟的道路。库木吐喇石窟是龟兹石窟中仅次于克孜尔石窟的第二大石窟群，其壁画艺术除龟兹风外，还有汉式唐代敦煌风、回鹘风，非常重要。千里迢迢来访，却无法看到，不能只叹遗憾，我们问是否还有别的办法，守窟人说"翻山"。"翻山"？山中无路，几座山，路多远，天黑前能不能返回？他自己也说不准。段先生是坚持要去的，马世长和我担心安全，准备放弃。大家犹豫了一个多小时。守窟人又说附近有一个洞窟可以看到。我们随着守窟人沿着河西岸下行约一公里，跨过便桥到河东岸，沿河水上行。水坝下游水位不高，岸边水深只到腿膝。上行几百米，上岸进入一谷沟，洞窟就在这里。这是几年前为备战开挖防护工程偶然发现的。洞窟为方形，面积约十二三平方米，穹窿顶，四壁已无壁画，唯窟顶壁画完好。半球形窟顶中央绘一朵大莲花，花瓣小、肥、短，如榆叶，多重层，如鳞甲。莲花四周壁画分隔成十三条幅，每一条幅绘一天人，为西域艺术风格，画面完整，色彩如新，是已参观的上述三处窟群中未见有的精美佳作。看情况，此窟尚未对外开放参观。世间事就是这样，有的事看似令人绝望了，有时也会遇着好机缘。那天去窟区的道路如果是畅通无阻的，我们也就很有可能看不到这壁精美作品了。不论怎么说，此行没有白来。

次日，我们去城北参观苏巴什佛寺遗址。佛寺遗址分布在库车河谷沟道的东西两岸上，西寺比东寺规模大。据研究，此寺即古龟兹最著名的雀离大寺。佛寺建筑宏伟，装饰华丽。当年各地王族男女佛徒来寺修行者众多，名僧、大翻译家鸠摩罗什也曾住此寺。佛寺昔日的壮观虽已不存，但当你看到遗存的高大佛殿的墙体时，仍能感受到宏伟庄严。佛寺遗址周边也有些石窟，是禅窟。我们走进第5窟，有一竖长的一人高的甬道，左右两壁各凿有五个禅窟。窟前部横向甬道壁上也有禅窟。莫高窟早期洞窟有三个窟中有禅窟，无疑是仿效了龟兹禅窟的形式。但这些洞窟内的禅室窟体都比较小，并非实用窟。另外我们还参观了城东的玛扎伯哈石窟。

结束对库车周边石窟十多天的参观考察后，我们乘长途班车去吐鲁番。班车还没有完全恢复到以前的常态，车过轮台后在一个路边停了下来，路边不远处有枯死的胡杨树枝干。司机去那里捡干柴禾了。可是不知为什么，司机捡来的干柴却不往车上装，而是向公路另一边约一二百米处的一家农户走去了。乘客多是维吾尔族人，大家都很平静地坐着。他们在讲什么我们听不懂，只能默默等待。我们的座位在靠后几排，最后一排乘客中有一个小女孩，她见我们遇到了困难，便用汉语说司机去吃烤羊肉了。她是乌鲁木齐某小学的学生。从此，她为我们当起了义务导游兼翻译，直到在库尔勒车站停车住宿。四十多年过去了，我仍记着那个小女孩。

次日到达吐鲁番，这里气候干燥炎热，我们在一处招待所住下。虽已入10月，这里仍是酷热难耐。我见到一位主管文教工作的领导，他说最热时他曾去坎儿井乘凉。我说，那看来冬天会比较暖和了，他笑着说冬天也非常寒冷。我们在吐鲁番参观了交河故城遗址、高昌故城遗址、柏孜克里克石窟、吐峪沟石窟及哈拉和卓村附近的古墓葬。交河故城遗址在吐鲁番市西北附近两河相交环抱的一个孤岛上，岛即城。岛凸起高出河面约二十几米，地势险要。车至岛下，游人沿着一条马车坡道入城（上岛），这车道即城内中轴大道。城内房舍建筑遗址残墙林立，最醒目的是大道尽头的佛寺遗址，佛寺的高大墙体亦如库车苏巴什大佛寺遗址。还有几座排列有序的方形塔基土台，与佛寺相照应的是中轴大道中间的一座高大土台，应是城中最高大的佛塔台基，或是某种宗教性的建筑遗迹。民居小屋遗址稠密，房体都是下半部建筑深入地下，上半部建筑在地面上。也就是西北寒冷地区人们说的"地窝子"，这种房舍建筑冬暖夏凉，体现出先民生活的聪慧与才智。

高昌故城遗址在吐鲁番市东三十多公里胜金口以南哈拉和卓村西约五公里处。没有班车，我们雇了一辆农用拖拉机，三十多公里路走了大半天，傍晚方才到达，住在公社大院的客房。这里人少，安静，住宿虽简陋，但方便。石窟、古城、古墓葬群文物点都在附近。我们联系到古墓葬文物看护人员，是一位维吾尔族青年，他曾当过一段时间的石油工人，古墓葬考古发掘时他干过临时工。他汉语熟练，说自己不怕鬼，曾把挖掘出土的无用的棺材板拿回去做门窗。他志愿为我们当起了导游。一条农业灌溉水渠穿越古墓区，对古墓文物保护构成威胁，考古队对之进行重点突击发掘。在一个晋墓中我们看到了一具木乃伊，脸部胡须、眉毛还相当完好。在一座唐墓中看到画在棺台后壁上的屏条画。前些天，在乌鲁木齐博物馆看到的那些珍贵的古墓出土文物都出自这里。

高昌故城遗址中，高大的外土墙保存基本完好，内城、宫城遗迹可寻。城池始建于西汉，两汉魏晋时的戊己校尉驻屯于此，之后历代地方军政衙署都驻在这里，元明之际废弃。留给我记忆最深刻的仍是那些佛寺高塔遗迹。城内东南有一高塔，残高约七八米，大形基本还能辨识，周边建筑已难觅其形。城内靠西面的佛寺四边的房舍墙体遗存还比较多，中央是一座高大佛塔，塔四面布满小龛。残存形体大致可以复原。这是我第一次见到西域佛寺立塔建筑的遗迹，对我们认识、理解文献中涉及的佛寺立塔提供了很好的想象空间。

柏孜克里克石窟也不太远，就在《西游记》中说的火焰山的后背。我们雇了一辆马车，北行至火焰山胜金口，路分两岔：一条进入木头沟河，沿一条小溪蜿蜒而上，路程近；一条是马车道，路程远。我们走的是近道，但沟内无车道。骑毛驴行走这条道最好，乘马车只能在溪水乱石中颠簸穿行，屁股腰背特别难受。约三四个小时我们即到石窟下边，在石窟附近的农村找到了石窟看管员，带领我们参观。石窟也有三四十个，呈一条线密集排列着。地质砂岩疏松，有的洞窟后半部凿在崖壁里，前半部是用土坯筑起的。建于高昌回鹘时期，约在 10 至 11 世纪之际。壁画内容属大乘佛教，窟形建筑受龟兹石窟影响，绘制技法受敦煌石窟艺术影响，而人物造型、衣冠服饰均为回鹘样貌。敦煌石窟中的回鹘人物画像也受其影响。两个洞窟中有地画，地面为石膏土，平整光滑，绘有图像，不知是否与某种信仰有关。别的石窟中尚未见过。听说附近还有几个石窟，但壁画多残毁。时间已晚，没有去看。我们在农村住了一宿，次日由车马道返回。道路平坦，也不算太远。经胜金口停下，我们又看了那里几个已无壁画的洞窟，也应是以柏孜克里克石窟为中心的石窟群的一部分。

吐峪沟石窟在高昌故城东十多公里处，今属鄯善县。我们乘马车沿火焰山南麓东行，道路平坦，很快就到了。吐峪沟口外是广阔的葡萄园，沟口东岸的台地上民居小屋星罗棋布，景物呈一片祥和之气。石窟在沟内最里端的东崖壁上和西岸的崖顶上，有编号洞窟四十余个，是吐鲁番地区最早的石窟群。石窟多已坍塌不全，留有壁画残迹的只有几个，最完好的是第44窟，也是很重要的一个窟。439 年北魏攻占敦煌，沮渠无讳率北凉余众西奔高昌后建造此窟。窟中壁画内容、布局、色彩与莫高窟的北凉石窟有多处相似，但也呈现着本地艺术人物造型装饰纹样的特色。西崖顶上的洞窟多是用土坯砌成的，已坍塌不全。这一天的参观比较顺利。返程路过葡萄园，每人买了一斤葡萄，这是我到新疆一个月来第一次吃葡萄，可是没有吃几颗就吃不下去了，太甜了。

在返回途中我们还去参观了焉耆的七个星佛寺遗址和石窟。佛寺遗址分南北两寺，据专家研究，始建于两晋，现存遗址为唐所建，有多处殿基、僧房、塔基。一些外国人曾来此盗宝，挖掘走不少精美的壁画、塑像残片、建筑装饰部件。石窟离佛寺不远，是在小山丘壁上开凿的，岩质疏松，窟前部多是土坯补修的。只有几个洞窟，壁画多已不存。从残画中可以看到有敦煌石窟唐代壁画中的茶花图案装饰纹样。我们在焉耆住了一夜，这里蚊子特别多，个头大。在招待所的公用洗涤间，一进门蚊子就成群迎面而来，无法驱赶，只能快速离开。这里的博斯腾湖盛产芦苇，是造纸浆的原料。一路上运输芦苇的大卡车一辆接着一辆，据说都是运往内地的。数千公里，成本价格该有多高！

一个月的新疆石窟考察至此就结束了，收获颇丰，看到了龟兹石窟艺术与莫高窟艺术的密切关系、对敦煌壁画绘制技法的影响。但也留下了一大遗憾，就是没能看到库木吐喇这处重要的石窟群。

1978 年，常书鸿所长返回莫高窟履行所长职务，接到新疆维吾尔自治区博物馆电话，说库木吐喇石窟壁画受到水库危害，请求派人去支援抢救临摹壁画。随即所里派霍熙亮先生带领刘玉权、赵俊荣和我去参加临摹工作。就在一年前，我和段文杰先生一行到此参观考察，就因水库水位上升阻挡了道路，看来现在问题严重了。但对我来说是好事，是被"请"去参观了，真是天赐良机。博物馆为这次临摹工作作了充分准备。总负责人是韩翔（后曾任新疆维吾尔自治区文化厅文物处处长）。参加临摹的人，博物馆有袁廷鹤、赵小鹏，还有龟兹石窟研究专家贾应逸陪行（图29）。大卡车载了画具、行李物资先行，我们另乘专车一路参观吐鲁番石窟、文物景点，拜城克孜尔石窟、库车苏巴什佛寺遗址。到达库木吐喇，住在水电站招待所。这里四周没有人烟，距石窟区约有两公里行程，越过电站水坝到河东岸，上行十多分钟就到了。

石窟分布在谷沟内和谷口外两区，谷口外有十多个洞窟，面临水库，窟前筑起一道拦水堤坝，拦住了地面上的库水。但是水又从地下渗冒上来，洞窟地面全是湿的。壁画受潮后，粉碎脱落。我们此行的任务就是要快速把这些壁画临摹下来。据研究，古龟兹石窟壁画分三种画风：龟兹风、汉风、回鹘风。7世纪中叶，唐朝安西都护府由吐鲁番移至龟兹，一些汉僧也相继而来建筑佛寺，开凿石窟。库木吐喇石窟是汉风壁画窟最多的集中地。"汉风"壁画其实就是敦煌盛唐壁画之风。而这些石窟正在遭受水的侵害。最严重的是第10—17窟，窟内地面全是湿的。第16窟是汉风壁画窟中一座重要的窟，是一个组窟的主窟，南壁画西方净土变，北壁画药师经变并"十二大愿""九横

图 29　1978 年在新疆库木吐喇石窟临摹壁画时与同人合影（前排左起：赵俊荣、袁廷鹤、刘玉权，后排左起：霍熙亮、韩翔、赵小鹏、关友惠）

死"。壁画布局与敦煌石窟无异，画手很可能就来自敦煌。只是两画在透视空间处理上，视平线略低了些，感到有些压抑。很可惜，残损特别严重，形象完整的大块壁画已没有几块了。第15、第17窟是其两个"耳窟"（如人两耳），第15窟的壁上"华盖亦如敦煌图案"，大部分完好，霍先生作了整理临摹。

我临摹的第一幅是第16窟药师经变中的一身飞天及周边云彩、华树、建筑景物。是此窟残存壁画最大的一块。多年以后，我在敦煌研究院资料中心的书架上看到一本新疆出版的画册，顺手翻开，正好是我临摹过的那幅画的原壁照片。但是飞天的头部已经不存在了，壁画也经过了修复。后来我又看到那幅画的另一幅临本，画面比我的临本取景大，谁临的我不知道。自治区博物馆的王健林曾和我通过两次电话，他们也在寻找临摹者，我临的那幅画至今未找到。我临摹的第二幅画是第11窟中心柱北甬道外壁上的一身菩萨、二身佛像（图30）。三身画像胸腹以上基本完好，下半部分已经不存了。三身大像之间还画有两个驾云腾升的小天人。菩萨榜题上残存"南无"二字的笔迹。这件临本完好地保存在新疆维吾尔自治区博物馆。

夏日白昼长，早餐前天已大亮，晚饭后天还未黑。我们住在电站招待所，每天来回跑路我觉得浪费时间，晚上就一个人睡在洞窟里，利用早餐前晚饭后那段时间去查看洞窟分布、组合，看窟外崖壁上的遗迹。敦

图 30　1978 年临摹的唐画菩萨与佛像（新疆库木吐喇石窟第 11 窟）

煌石窟大都是单体窟，一个主室两个耳室的三窟组合窟极少，是个例，功能性质相同。龟兹石窟分礼拜窟、讲经窟、僧房窟，组合也有多种。了解这些迹象对辨识其建造时代、功能性质有重要作用。

　　这次临摹工作大家合作得很愉快。一天博物馆来电话说敦煌文物研究所要我们马上回去，我们快速结束了工作，库木吐喇石窟重点抢救临摹壁画工作也就

终止了。那时大家多没有乘过飞机，博物馆的同仁打听到库车有飞往乌鲁木齐的货运飞机，机票比汽车票还便宜，就决定乘飞机返回乌鲁木齐。这是一架小型货运飞机，机舱里没有货物，就载了我们六个人。起飞不久，接气象报告说天山有暴风不能飞越，飞机降落在库尔勒，大家在机场过夜。机场客房看样子很久没有住过人了，蚊子很多，我们一夜都没有睡好。乘

飞机的美好愿望却被扫了兴。我们急忙赶回莫高窟，以为有什么要紧的任务，其实啥事也没有。如果在库木吐喇石窟再多留些天，还可多临几幅画，多了解龟兹石窟中的敦煌壁画之风，也可以从中觅得一些研究敦煌壁画的信息。

1983 年，段文杰先生已正式接任敦煌文物研究所所长之职，我陪先生再去新疆石窟继续考察（图 31），完成第一次未能完成的考察工作。这次我们是乘所里的专车前去，有摄影师祁铎同行，司机是张有保。一路顺利，先到库车。克孜尔镇到石窟的毛驴车路拓宽平整了，我们的汽车直接开到了石窟下面，还住进了新建的客房。一切都变了！1977 年第一次来时，段先生带了《贤愚经》，每次从洞窟下来就翻经，特别关注壁画内容。这次来是选择重点参观。敦煌壁画绘制技法关键处有二：一是线描，二是色彩晕染。早期壁画的凹凸晕染法即源于龟兹石窟壁画。参观时他不断地自言自语："一边染，两边染。"了解龟兹石窟壁画技法对敦煌壁画研究非常重要，不知先生是否有这方面的遗笔文稿。

结束在克孜尔石窟的参观后，我们接着去看的是库木吐喇石窟，这是此次考察的重点。六年前来参观，因水库水位上升阻隔了道路，无法到达窟区，心怀遗憾离去。这次我们的汽车则是顺利通达。库木吐喇石窟是此地仅次于克孜尔石窟的第二大石窟群，汇集着

图 31　1983 年新疆考察中合影（右一为关友惠）

龟兹本土、中原汉式、晚来的回鹘三大体系佛教石窟壁画艺术，也是汉式佛教石窟最多的集中地。三种不同体系的石窟艺术关系密切。段先生详细看了一天，弥补了他这五六年来心中的遗憾。

临近吐鲁番十多公里处，我们看到路旁的电线杆全被大风折弯了，只有柱杆内的钢筋还连着。我们的车开进了吐鲁番新建的宾馆，住进了标准间，这比六年前住过的招待所好多了。谁也没有料到夜间又来了一场大风。早晨起床我的被窝里竟有许多细沙。打开房门，庭院中葡萄架上只有枝藤，绿叶全被吹打光了。一辆军用卡车停在院内，右侧面的绿色漆全部被吹打脱落，变成了铁红色，车的左侧面却完好无损。这是昨晚路途中遭大风损坏的。走出宾馆，大街两侧一些大树被风折断，横七竖八倒在路上，阻断了交通。水、电也断了。有几个年轻军人抬着水桶在找水。据说棉农也遭到了很大损失。有车却出不了门，我们只好在室内休息。次日，我们再去吐峪沟石窟专看第44窟。这个窟与敦煌早期窟关系最为密切，也是段先生要再看的重点。攀登第44窟的小路，还是原来的老样子，先生仍轻快地登上去了，我在其后却觉得有点吃力。能看出先生有一种奋斗精神。六十多岁的老人了，奋斗精神支撑着他的体力。又看了一次，他心里踏实了。我们顺利圆满地完成了此次考察任务。

这几年我的工作比较杂乱。雕塑室孙纪元为参加毛主席纪念堂雕塑征稿设计样稿，调我去帮忙。雕塑我不会，能帮什么忙？雕塑是个体力活，事前有许多准备工作。依老孙安排，我搬来几百块砖头，垒起雕塑台，做好木底板，就可以做骨架了。老孙设计的是一组群雕，有五六个人，像高约八十厘米上下。做骨架我不敢插手，只是为老孙备料。泥是老孙自己砸好的。在塑的过程中，我每天的工作只是协助喷水、包裹、看火炉，保持好室内温湿度。一个多月就是在这个温室中度过的。冬天，在这个温室中也能占点小便宜：妻和孩子住在敦煌乡下，乡下井水不能饮用。夏天，人畜共饮同一涝坝水，虽不卫生，但仍有水可饮；冬季，涝坝水也没了，只能去党河凿冰。溶化的一点冰水仅够食用，洗涤就谈不上了。现在我"掌管"了水暖，把乡下妻儿的被单衣物抱来，晚上人都下班了，我揭开火炉，放上满桶清水，大洗特洗。妻在乡下十多年，这一年算是过了个讲卫生的春节。

我还被派去省歌舞团为《丝路花雨》画布景。该剧取材敦煌艺术。编剧、编舞的人员到莫高窟参观、交流，大家也就算是朋友了。同去的还有刘玉权。我是临摹壁画的，画舞台布景真是外行。我一生爱看戏，可戏台后面的事从未见过。没有画过舞台布景，也没有见过布景是怎么画的。那时后台的声、光、电都用的是土办法，可在我眼里都是新的，因为没有见过。我不懂，帮不上什么大忙，但也有收获，我结识了几位舞台美术名师、专家，开了眼界。

我还被派去靖远北湾干校参加学习劳动。学员都是省上各单位派去的，我那个班十多人，只有我一人是来自人迹罕至的敦煌莫高窟。干校是半天学习，半天劳动。学员们对当时的学习内容已无多少兴趣。劳动却很热闹。我们那个大队的劳动场地是一个大果园，盐碱地，不能种谷物，果树也不茂盛。平日劳动就是除草、修枝，重体力劳动就是挖排碱沟，每块地四边都挖有两米多深的排碱沟。要把沟里的土一铁锹一铁锹铲上来，还是很费力的。夏收最忙，也是最累、最紧张的劳动，集中全校劳力轮班干，不到几天夏收就结束了。

我们还下乡去与农民同吃、同住、同劳动。我背着行李快要到去的那个村子时，远远望去，高高的崖壁上竟有一些残破的石窟，我惊喜得几乎要喊起来。到了村子才知道这是靖远县三处石窟之一的"寺儿湾石窟"。人的运气很难说，我做梦也没想过会到这儿来，可是真的来了。从西安出发向西北行，看彬县大佛、庆阳北石窟、泾川南石窟、固原须弥山石窟、靖远寺儿湾石窟，这些丝绸之路东端北线路段上的石窟我全都看到了。我一生的职业就是研究这个，看到石窟能不高兴吗！遗憾的是这儿的石窟里面已无遗物。虽说是空洞子，但也是历史文化遗址，内中还有其他历史文化信息。所幸还有一个洞窟就在村子的场边，窟门紧锁着，用作村子的公物库房。我进去过一次，残存一尊石雕"天王像"，是盛唐之作。

我们十多人，分组住在几户农民家里。初春天气还冷，房里都煨着炕。村子在黄河岸边，地域偏僻，民情淳朴。村里小学有二十几个学生，一位五十多岁的老师在教室给学生教拼音"玻（b）、坡（p）、摸（m）、佛（f）……"我到过一户比较殷实的农家，窗明几净，土炕墙上挂着布围子，还有十二生肖香包，窗上贴有窗花。我们吃饭是分组轮流派饭，自付粮票餐金。饭食是小米粥将要煮熟时，把苞谷面粉撒入粥内，抽去明火，盖锅捂四十分钟左右，即起锅食用。香味浓浓，称为"糁饭"。就着一碟咸菜，一碟红辣子，每天吃，顿顿香。初春，青菜还没有长出来，白面粉也不多，隔两三天可以吃一次白面面条。

村里没有水井，水要到一公里外的黄河去取。我们房东的取水桶是一个容量为一百五十升的大汽油桶，用农用架子车拉运。我们四个人，拉运过几次，从河边装满水，拉上岸是一道五十米的上坡，四个人用力也很费劲。我们的劳动是跟随农民平整土地。一般的农活对我来说是平常事，从小在农村，见过也做过，这些年在敦煌多次下乡劳动，早已习惯了。只是力气是不能与农民相比。这次来省干校学习，又下乡体验生活，用去半年时间，结识了不同单位、职业的各方面的朋友，见闻了许多新鲜事。这对当时还处在封闭状况的我了解社会还是有意义的。

这几年，我在考古组的本职工作，就是参加樊锦诗、马世长对莫高窟北朝和隋代洞窟的分期工作，以上所说的那些事，是穿插进行的。我的具体工作就是画图，这是技术活，可以随时放下，也可以随时上手。若论时间，这几年用在本职工作上的时间并不是太多。要说个人的收获，最多、最大、最重要的还是这几年的本职工作。我从樊锦诗、马世长二位那里学到了他们考古工作中的类型学研究方法，从中看出敦煌壁画研究的另一条路径，确定了自己临摹、研究壁画的方向。我把所有的纹样图案按樊锦诗、马世长二位的要求排列起来，呈现的结果使我感到惊奇，这些纹样相互是有联系的，并非我以前认为的是随意去画的。其变化是有规律的，发展是阶段性的，与历史发展进程是一致的。我觉得很有趣，就拟成了一篇《敦煌莫高窟早期图案纹饰》。在隋代石窟分期中，用同样方法对藻井图案进行排比，发现其发展变化阶段性更分明，再次引起我的兴趣，又写了一篇《莫高窟隋代图案初探》，之后又写了一篇《莫高窟唐代图案结构分析》。这几篇小文都写自我参加莫高窟时代分期的工作期间。

因为有了这三篇小文，敦煌研究院编写《中国敦煌壁画全集·晚唐》与《敦煌石窟全集·图案卷》（图32、图33）的任务就落在了我头上。敦煌石窟壁画，连续十个朝代，历时千年，艺术风格紧密衔接，有的壁画时代难分先后。而到了宋与西夏交替之际，纹样图案的连续带却突然中断了，两个朝代壁画风格之间显露出一条无法连接的隔离带。经过对纹样图案的梳理排比，我发现原本是宋代的许多洞窟被误划为西夏，而真正属于西夏的洞窟总计不到十个。敦煌石窟壁画艺术发展到五代（敦煌曹氏）、宋已彻底本土化了。而西夏带来的是宋（中原）、辽以及与藏传佛教混成的西夏艺术。宋代（敦煌曹氏）洞窟装饰图案是本土化的，

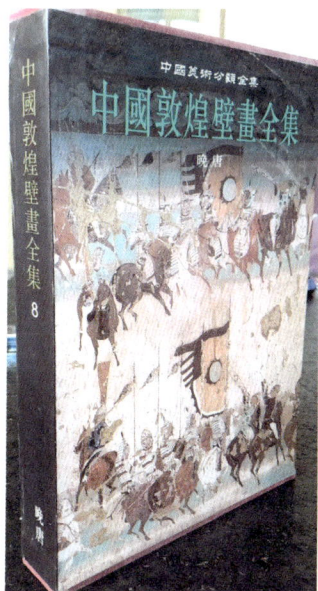

图 32 《中国敦煌壁画全集·晚唐》，
天津人民美术出版社

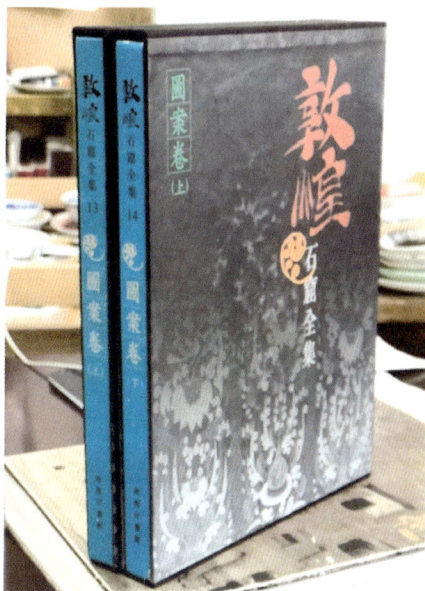

图 33 《敦煌石窟全集·图案卷》，商务印书馆（香港）

西夏洞窟装饰图案是仿殿堂木构彩画式的，是两个不同的体系。过去常说，敦煌石窟艺术连续千年，不曾间断，现在发现错了，不能再这么说了。这是我那些年工作的重要收获。

1980 年，我又被调回美术研究室任副主任，后任美术研究所所长，主管壁画临摹工作。改革开放后，工作头绪多。碰到的第一件大事，是壁画临本出国展，进行文化交流。我参加过多次壁画临本展筹展工作，对展品、布展方案心中基本有数。但这都是过去的经验。改革开放了，就应该有新的面貌，新的展品。壁画临摹工作已停止十多年，以前作为临摹工作主力的先生们如今各有重任，不再入窟临画了，临摹缺人手。再说新临本也不是短时间内就能临摹出来的。任务繁重，时间紧迫。我想来想去，想到了向各美术院校求助。以前交通不便，很多想来敦煌的人来不了，现在请他们来应该是可行的。报请新任研究所所长段文杰先生同意后，我们向各美术院校发出求助邀请函，很快得到回应，派来强有力的教授、学者支援我们的临摹工作，其中有四川美院杜显清、杨麟翼、施肇祖，西安美院陈子林、张小琴，辽宁鲁美王占鳌，甘肃师大王宏恩。他们的差旅、食宿费用全由敦煌文物研究所支付。在完成所里的临摹任务之后，再给他们提供时间为自己临摹壁画。用现在的话说，就是"互利"，双方满意。

　　改革开放之后，对外文化交流频繁，国内外展览一个接着一个。以往展览，展品只标注名称、大小尺寸、临摹者。而今展出目录中每件展品均需要关于内容、艺术概况的文字说明。每次展出侧重点不同，筹备工作也因此繁重了。依据展出的需要，我也参与临摹了五代第61窟壁画法华经变火宅喻故事画（图34）、晚唐第156窟法华经变战争图（图35），以及文化交流所需的赠品壁画临本。第二件事是要尽快壮大敦煌文物研究所新一代稳定的临摹队伍。当时高考虽

图 34　1985 年笔者在第 61 窟临摹壁画

已恢复，但美术院校招收的第一批学生还未毕业。即使有了美院毕业生，在当时形势下学生也未必自愿到这偏僻的大西北来。为此，研究所报请上级批准，在省内招考了十名学生，委托中央美院代培。他们学习结业回到莫高窟，经过几年临摹工作实践，到 90 年代已成为敦煌研究院壁画临摹工作的主力。壁画临摹工作发展到了一个新的阶段。为了建立一个新的、稳定的壁画临摹队伍，我曾提出临摹工作人员在经过几

图 35　临摹的法华经变战争图（莫高窟第 156 窟）

年临摹实践之后，可以根据自己的意愿，向专事临摹、新美术创作、美术理论研究方面发展的建议。由于种种原因，我的建议并没有得到有效施行。我认为敦煌壁画临摹工作需要有明确的研究方向。在洞窟临摹壁画，看见窟壁上的佛、菩萨、故事画人物是"这样"画的，景物是"那样"画的，却看不见、不知道这些佛、菩萨、人物为什么"这样"画，为什么画成"这样"的，也看不见、不知道这些景物为什么被画成"那个样"。临摹研究就是要解释这些隐藏在壁画背后、窟壁上看不见的问题。只有这样去临摹壁画，才能说是全面认识壁画。这是我在美术室、考古组多年工作中体会到的。

五 莫高生活

　　莫高窟人的生活和工作同样都是随着国家形势的发展而变化的，有过桃源般的净土安乐生活，有过热烈梦幻似的欢乐，也有过迷离困惑与无奈，最后走上了改革开放的幸福路。我在1953年初到莫高窟时，这里还比较荒凉，四周没有人烟，最近的邻居居住在几公里外的今敦煌火车站以北的新墩村。石窟前是一片杨、榆杂树林，还有两三亩沙土田种植着一些葵花、西瓜等水果蔬菜。足下大道上是流动的细沙。遇有大风，崖顶流沙瀑布似的飞流直下。田埂、水渠旁杂草丛生。一派深山中的自然景象。窟前有三座寺院，上、中寺在南端，左右相邻，下寺在北端，与上、中寺相距约有一百米。寺院建筑与民居房舍无多大差别，非常简单，都是用土坯垒起的小平房四合院。三寺各有一个小果园。敦煌文物研究所设在中寺。

莫高窟没有外人，当时研究所职工上下总共二十五人。另有敦煌驻军骑兵团派驻守护莫高窟的一个班，住在上寺前院。上寺后院住着两个喇嘛和一个神婆，三人都是上了年纪的老人。"麻雀虽小，五脏俱全"。文物研究所职工不多，但一切组织管理制度都很健全。办公室是寺院旧房改造的，矮小狭窄。所长常书鸿先生的办公室不足十平方米。办公室小院旧址今天还在，供游人参观。职工宿舍是马厩改造的，每人一间，约九平方米，土炕，土台桌，纸窗户，门缝可穿指。冬夜结冰，夏日酷热。饭食分大小灶，小灶吃桌饭，四菜一汤；大灶分食，一人一份菜，自行选择。月底清账，按人均摊。那时市场供应充足，牛、羊、猪、鸡肉都有。只是蔬菜品种不多，大米也少。交通出行，有一辆马车，两头毛驴。平常生活日用品派专人采购。每隔三五天，大院黑板上即有"某某赶马车进城""某某骑毛驴进城"的出行讯息。要购物的即写了购物单子，小到信封、邮票，大到米、面、油、菜，附上现金交给采办人。晚上采办人归来，依照购物单子，交物清账。购物者省了心，采办者却很麻烦，几斤几两，几盒，几条，几元几角几分……需要很大的耐心、诚心。我从未听到过有什么抱怨或出差错的事。那时的人就这么单纯、淳朴。

每日黎明，办公室院子老榆树上的起床钟声响起，作息时间全听钟声。半小时后，职工来到办公院，留声机发出广播体操声，大家随着音乐"一、二、三、四"开始做早操。所长常书鸿先生是做早操的坚定支持者，身体力行。晨钟未响，他就起床了，做早操也来得最早。早操后，学习一小时。没有电灯，九点钟之前，洞窟光线昏暗，无法工作。当时所内还没有党组织，但多数人都有一本刘少奇的《论共产党员的修养》，职工都有一种要求进步的激情。学习之后，开始办公，进洞窟临摹。晚饭后，大家习惯站在院中间闲聊一阵。一天上班各自分散、互不相见，只有办公室里做财会、行政工作的三五个人的声音，除此之外莫高窟寂静得如无人之境。如有外来人，一定会感到惊讶。

星期日，大家都会多睡一会儿，起床后有人去蓄水池边洗衣物，这是相见闲聊的好时机。有爱玩的去打扑克牌，去打猎。我一生不爱玩，觉得浪费时间，洗完衣物有时间就上洞窟转转，画点自己喜欢的塑像、菩萨。有一个篮球场，霍先生、段先生都是喜欢篮球运动的人，但是人少，比赛打不起来，常是三五人投篮，玩上一会儿。有一台留声机，唱片多是京剧，西北人、四川人不太喜欢听。有一台收音机，因所处位置太偏，信号不清，无法使用。莫高窟基本是一个与外界隔绝的世界。莫高窟只要有一个从外面来的人，没几分钟消息即传遍全所。这里太期盼人了。

一年中，最热闹的日子是农历"四月八"，这天是佛教中的佛祖诞辰日。时值农闲时间，乡民乘牛车、骑毛驴或徒步络绎而来。还有饭馆也来助兴。游人夜宿林中，吹拉弹奏，自娱自乐。上寺喇嘛在九层楼大佛殿设起法会，佛徒唱法，信众献食，热闹非常。研究所职工也都停下手中的工作，上窟巡逻守护洞窟，同时也享受这一年一度的热闹。每逢年节也要热闹一番。年三十晚上，办公室挂起汽灯，职工眷属、护窟战士，所有人都来了。大家围绕着火炉，嬉笑兴谈。主持人宣布晚会开始，会唱的，来一段京剧，吼几句秦腔，唱几句川剧，说快板、山东快书，还演过话剧、眉户剧。为表演一场舞蹈，派专人骑毛驴穿越大戈壁，来回一百多公里，从肃北蒙古族自治县借来民族服装，是礼服，而不是戏装。莫高窟人少，人人都是表演者，大家又都是观众。台上表演的人比台下观看的人多。表演者演得认真，观看者看得入神，自娱自乐，皆大欢喜。大年初一，我们一样吃饺子。食堂拌好馅、和好面，每人一份。愿带回家自包自煮的，或在食堂共包共食的，各随其美。莫高窟人少，春节年味同样浓烈温馨。

1958年，莫高窟人和全国人民一样都在紧张地参加各种生产劳动。这一年莫高窟人主要做了三项大工程：参加敦煌县北湖造林工程建设、建造莫高窟水电站、大炼钢铁。为保证"大跃进"进度，职工食堂的饭菜也是可口香美。平时每人虽有定量，但劳动时不限量。集体劳动人多热闹，人们整日都沉浸在欢快之中。大家只听指挥者调遣，对别的并不关心。

1959年，莫高窟人的生活基本回归正常。劳动少了，职工食堂开始实行饭菜即日登记制，未登记者不能保证供应。街市商店副食供应也紧张了，硬邦邦的饼干凭粮票也很难买到。我和史先生、何治赵去榆林窟临画，加上工友孔金共四人，每人每月只供应面粉二十几斤，食油二两五。缺少蔬菜，每天只能吃白水汤面条。汤面条锅里撒上几片绿色野菜，铁勺里滴上几滴清油，在灶膛里烧熟，泼在面锅里，香味即刻扑鼻，再调入盐，一顿美餐就好了。但每人也只能吃两碗。

到1960年初，县上即要求各机关单位开荒种粮。文教系统的文化馆、电影院、新华书店、中学和敦煌文物研究所派人员，集中到南湖林场上游一片大漠上开渠打埂备耕。这是一片平坦的沙地，有几十亩大，自古以来尚未有人垦植过。一脉清泉从旁经过，浇灌着林场林木，流量比莫高窟前的大泉水大得多，水质之甘美更非大泉水所能比。我们在水旁撑起了帐篷，垒了灶，每日三餐都在工地上吃，可以节约往返跑路的时间。大漠多风，饭时一阵风来，碗里就有了沙子。饭食多是汤饭，沙子也就沉在了碗底，碗底那一点汤在水渠里一涮，沙子也就被冲走了，接着可以吃第二碗。几个单位一起劳动，人多热闹，时间不长渠沟就开挖好了。这片沙地其实就是沙漠，沙漠溪流，杯水车薪，倾党河之水也无法灌满，最终又放弃了。在劳动中我认识了电影院的刘晓云。到下半年我们将要结婚时，她却被裁员了。这次裁员是全国性的，各单位按职工总数比例裁减。城市人口粮月供减少了近一半，副食供应彻底没有了。职工食堂饭食由干饭变成了汤饭，汤饭也越来越稀。

1961年，上级号召各机关单位开荒种粮自济。广种薄收也要种。莫高窟前的大泉河流域俗称"水沟"，有几块沙土耕地。沿大泉河上行，入三危山三四公里至大拉牌，这里有三亩多地。我初到莫高窟时，段先生曾带领我们来过这里，敦煌城东门外一个俞姓的人在此耕种。再上行出三危山向南行到达大泉，有淤沙地四五亩。大泉东北的条湖子有沙地一二亩。1958年公社化时，统归了公社。1960年发生饥荒，农民放弃了耕作。大泉水域，是莫高窟文物的生命线，依《文物保护法》当属莫高窟保护区范围。敦煌文物研究所与敦煌县政府经过协商，报请上级批准，以收购方式，把三危山大泉水系流域区划归莫高窟保护区之内。这中间的三块土地也就成了莫高窟人当时的自救田地。

有了耕地，全体职工齐上阵，开始平整土地，修整水渠，加固地埂，修建蓄水池。劳动强度还是不小的。粮食供应标准未变，每月二十几斤，但品种不能保证，白面、玉米面、高粱面、大豆渣、红薯干，有什么供应什么。我的肠胃基本处于半饥半饱状态。有付出就会有回报，秋天获得了收获，每人分到了几十斤红萝卜、糖萝卜，还有一些洋芋。深秋天气渐凉，每户晚饭后起火蒸煮萝卜，院里一片清香。把萝卜蒸熟晾干是一种储藏的好办法。即使食物多了，也得计划着吃。当时我住在下寺，糖萝卜含糖量高，煮熟的糖萝卜也不容易晾干，我用绳子把煮熟的萝卜一片一片串起来挂在室外日光可照射到的墙壁上，下午下班回来发现挂在墙上的萝卜一片也没有了。奇怪，没有外来人，莫高窟的人也很少有人到这里来，萝卜片哪里去了？转过身忽见地上有两团牛粪。一切都明白了，是牛进院子了，牛偷吃了。我又气又可笑。这牛是莫高窟唯一的一头牛，是"神牛"。原本是乡间一户农民为佛还愿，施奉给上寺喇嘛的一头牛犊，长大以后成了喇嘛种地的耕牛。1958年公社化时这头牛也就划归了敦煌文物研究所，在"大跃进"修建水电站蓄水池时出了大力。平时它也就游荡在窟前林带中，林中的草是吃不完的。任它自由行走，像印度"神牛"一样。

莫高窟人在水沟淤沙地农耕种植持续十多年，为改善研究所职工膳食生活起了极大的作用。说起这事，要介绍一下两位工人——孔金、吴兴善的工作。他们也是我在莫高窟接触最多、心中敬重的两位工人。孔金，敦煌人，农民长工出身，县公安队驻莫高窟警卫班班长。1956年，社会治安形势好转，警卫班撤走时被调入文物研究所。此时他的农业耕作技术派上了用场，成为莫高窟人小农场的组织管理者，也是专事农业的劳动者。水沟沙地以种植小麦为主，窟前的几亩地兼种蔬菜。犁耕、播种、打场这些技术活都是他亲自操作，除草、施肥、收割等大活，他组织全体职工突击劳动。他还买来两峰骆驼耕地、运输。羊群发展到二百多只，集聚肥料。在那食物供给匮乏的年月，职工食堂用餐每人每月可增补三四斤面粉，逢年过节每人还可分得二三斤羊肉，秋季每人还能分得四五十斤梨子。这些对改善莫高窟人的生活起了很大作用。我们不能忘记他的辛勤劳作。

吴兴善，武威人，家贫，年轻时流落敦煌，出家信奉了道教，常流转于莫高窟下寺、三危山中老君堂这些道教场所做看守。1953 年，他在莫高窟当了工人，专事绿化、林木管理工作。1956 年，经师傅同意，他落发还俗。莫高窟绿化植树难点有二：一是水量不足，二是虫害严重。我 1953 年到莫高窟时河谷东岸（今研究院办公区）无一绿色。1954 年开始在下寺河谷段筑起一道高两米的沙石蓄水坝，引水植树。大泉水流量小，每年暑夏中午十二时就断流了，到夜里零点左右泉水才能流淌下来。为保护水源，有几个夜晚，我被派去协助老吴阻拦乡民进山打柴。他一件白板老羊皮袄，一盏马灯，一把铁锹，在沙土地梗边一躺。后半夜水下来了，他提起灯开始浇灌林木，直到中午水断流了这才放心休息。新筑起的沙土地埂，放水灌溉要特别操心，稍有疏忽，地埂就有被冲毁的危险。这我也是有过体验的。

再说灭虫，我来莫高窟第一个春节之后，天气渐暖，蛾子即出土往树上爬，就集中在那短短的几天里。白天老吴和别的工人们就用细沙子把每颗树木围堵起来，晚上蛾子出来了，新出土的不会飞，只能在细沙堆上缓慢爬行，全体职工每人提一只灯笼，拿一个瓶子去抓蛾子。一个小时每个人能抓百十个。这种灭虫办法，实是愚笨之法，听来可笑，可这是实情。还有一种生在梨树和杏树上的蚧壳虫，外表一层硬壳，喷药不起作用，又不能用钢丝刷去刮，只能用手去剥，腥臭味令人作呕。农历四月初八前后虫子出来了，树叶一片片被蚕食落地，缺乏有效的农药，只能用土办法石灰硫磺水喷洒。这些事情都是老吴的工作。老吴不识字也不会念道经，可他的信仰却非常虔诚。莫高窟的一草一木在他眼中都是有生命，他尽心呵护，对一切生命都抱有一颗善良的心。

在那些没有业务工作的年月，劳动中我和他在一起的机会比较多。在饥饿还没有完全过去的那一年夏，老孔派我去大泉沟为麦田灌水。名为大泉，泉水实际不大。把泉水围成一个大蓄水池，蓄水十五小时可灌溉一亩。每天早晨开闸放水，下午一时关闸蓄水，再去条湖子开闸放水。沙地麦田一星期不灌水，麦苗就缺水了。老吴也在这里放羊。我们二人同住一间破屋，同吃一锅饭。粮食有限，每天只能吃白水面条、苞谷面饼就咸菜。一天，一只山羊生下了羊羔，第二天很早，老吴就去了羊圈，一会儿端来一缸羊奶，倒进面条锅里，饭锅当即沸腾起来，发出一股清香。我是第一次吃这羊奶汤面条，很香。第二天早晨我们又吃了一次。大漠夏天也常有暴雨。一天，蓝天红日，山洪却突然来临，使我紧张起来，首先想到的是如何保护蓄水池，跑到水池边开闸放水，水未放完，水坝就不见了痕迹，紧接下起着倾盆大雨。老吴把羊群赶回来了，我们二人进了破屋，屋顶也漏雨，只好卷起被褥，坐在上面，戴起草帽。这样坐了约两小时，雨过天又晴。清泉成了泥水坑，没清水喝了。第二天孔金带着大队人马来重新筑起了蓄水池坝。

"文革"期间，一次派我跟老吴去放羊。莫高窟人放羊，临时去三五日的，不少人都干过。这次是连续两个多月，放牧地是条湖子，那里地薄需要肥料。十月中旬，我俩到大拉牌，这里是我们水沟耕作的基地，能住十多人。每天早饭后，跟着老吴赶羊出圈，我看护着羊群，他赶着毛驴车去条湖子为羊群转场作准备。条湖子距离这里不远，已搭起了一间约十二三平方米的小土屋，屋内盘起了火炕。天已渐冷，火炕还是湿的，需要煨火烧炕。羊圈还没有扎好，每天放牧时他带着一把斧头，抽空砍些红柳，为扎羊圈备料。羊圈既要防寒还要防狼，他一个人备料、运料，搭建羊圈是有许多困难的。那段时间他很累，天冷之前羊圈终于搭建好了，羊群转移了过去。羊群转移的那天，老吴赶着毛驴车拉着行李、锅灶先走了，那里还有些活要他去做。我赶着羊群出了山口，跨过戈壁滩，进入条湖子地界。这里是一片高低起伏的沙丘地，羊群到了这个生地带一时乱了，我去拦那边的，这边的又跑散了；回头挡这边的，那边的又看不见了。有几只羊落在后边不肯走，我去打，竟把一只打的卧下不动了，羊腿受了伤。天已近黄昏，我也慌了。老吴等不着就来接应。他帮着收拢了羊群，把受伤的羊用毛驴车拉到羊圈，用两根红柳夹住受伤的羊腿，用绳子捆好，说过几天就好了。过了三五天那羊真的行走如常。以后，我再也没有打过羊。

老吴贫苦出身，有大漠生活经验，大我几岁，对我多有照顾，两人住在小土屋里，也很自在。冬天放牧是晚出早归。每天下午，我提前一小时回到小土屋，燃起牛粪火炉，烧一锅开水，烫一些苞谷面，烙四个苞谷面饼。此时羊群也回来进圈了。两人煮一锅白水面条，再加一个苞谷面饼就咸菜。饱餐后往土炕上一躺，其舒服、安乐外人是体会不到的。

早在 1956 年，敦煌市场上肉食禽蛋供应并不缺乏，可是在夏日，买来的新鲜肉途经高温大漠四五个小时，带回莫高窟就有异味了，必须当晚做成熟食。熟肉也只能存放两三天。为改善职工生活，研究所派老吴去党城湾买了三十多只羊，又雇了一个十多岁的娃娃，两人赶着羊群一路跋涉回到莫高窟。全所的人都去迎接，大家喜笑颜开。天已近傍晚，老吴往返辛苦二十多天，顺利完成了任务，也就早睡了。次日早晨打开羊圈放羊，羊却不动了，他这才意识到有狼。大漠行牧，人羊同卧，狼性多疑不敢偷袭，但并未放弃跟踪。羊群入圈后，人羊分离，狼有了偷袭机会，咬死了八九只。这对老吴是一个沉重的打击，莫高窟人对养羊也灰了心。到1960年，饥饿来临，开始拓荒种地，人需要肉食，地需要肥料，这才又重视起养羊的事。

我俩放羊时羊已有两百余只，羊群从大拉牌转场到条湖子，最初那些天羊群出圈入圈都要点数。一天晚饭后，躺在土炕上闲聊，老吴突然说羊少了一只。我想二百多只羊，出入圈时挤成一团，清点数字差一两只也有可能。而他说，丢失的那只羊是一只半大羔羊，是有具体形象的羊。他说得详细，我听得糊涂。在我眼中，所有的羊都是一个样，丢失的羊是个什么样我仍不知道。他说他梦见了这只羊还活着，要去寻找这只羊。第二天我们赶着羊群进三危山去水沟放牧。下午时分，羊群临近大拉牌时，他忽然向我喊话："你看，你看！"并示意我不要前行了。我仰头一望，山顶上一只小白羊，正在左右狂跳。真像小孩与母亲走失多日，今天又喜相逢一样感人。羊群到了山根前，几分钟后羔羊从山上跑下来，进入羊群。老吴也大笑起来。后来我也注意观察羊的形象了。羊除了体型大小、肥瘦有差别，行走的姿式以及头、耳的卷毛也有不同。我把羊的一些特殊之点与现实中的人、小说中的人物形象、书中图片上的人物相比照联想，还真的记住了几只羊的形象，并给它们起了名字，很有趣。改革开放后，形势有了好转，莫高窟人生活中的农事也就终止了。老孔把多年积攒的羊毛擀成了毡，每人分得一条作纪念。羊毛毡在那个年月是难得的生活用品。

饥荒生活在我的记忆里是永远淡化不了的。我和刘晓云将要结婚时，因饥荒她被单位精简裁员了。被裁员也就是没饭吃了。这是国家的政策，国家缺粮了，每个单位都要按员工人数比例裁员。被裁员了去哪里安置呢？饭是一顿也不能少的。敦煌人说"外地人睡觉没窝，吃饭没锅"。我这外地人就一身衣服，一床被褥，几本书，能有什么办法？两人坚持凑合着度过了最饥饿的1960年的冬天。1961年，我去距莫高窟最近的新墩村寻找落户办法。与我同去的还有一位同事。我们找到生产队、大队、公社领导人说明了情况。其实不说明，人家也知道我们是去要粮吃的。新墩村村民是宽厚的，接纳了我们。接纳了两户人，也就等于他们的口粮减少了一部分。

刘晓云在新墩待了大半年，秋过冬来，一个人生活有许多困难，她又回到了娘家，和父母挤在一间房里。住在娘家也只能是临时的。有了孩子后，她搬到一户邻居家借居。借居也只能是临时的。自己建房又有许多困难，一无劳力，二无建材，三无资金。难！真难！最后想到莫高窟东岸新树林中有不少枯死的杨树。新树林沙土层薄，箭杆杨易活，但长不到几年有的就枯死了。枯死的杨树在植树更新时就被砍伐当柴火了。我把经林木管理负责人批准并号定了可以砍伐的二十几棵枯死的杨树砍下来做椽子，又从库房里找来废弃的一扇门，两个窗子。有了这些枯木椽子和废弃门窗，别的也就好办了。敦煌地处大漠，干旱少雨，房舍建造简单。请人用土坯垒砌墙体，上面棚了椽子、芦杆、树枝、麦草，抹上两层草泥，建起了一间十多平方米的小土屋。从此，妻和孩子们在这个小屋里蜗居了整十八年。孩子中有三个女儿是在莫高窟出生的，接生就是靠民间传统老办法。环境条件只能如此。大女儿出生时给妻的补品就只有一个鸡蛋。这一个鸡蛋是从上寺徐喇嘛那里找来的。人的口粮有限，更无余粮喂鸡，鸡无食也就无蛋了。饥荒虽然还未完全过去，但妻在农村有自留地，可以产一百斤麦子，加上生产队分给的口粮够吃一年了。虽然还不能说吃得很饱，没有肉食、糖果，缺少蔬菜，但不再饥肠辘辘了。

孩子小时，每年冬天农闲时，我就把妻儿接到莫高窟住些日子。孩子大了，要上学，只能长期待在农村了。没有强劳力，一个女人带着几个年幼孩子在农村生活是很艰难的。真是事事难、处处难。那时敦煌农村，一缺食用水，二缺燃料。夏天人畜共饮一涝坝水，虽不卫生，但有水可饮用。冬天涝坝水没有了，有劳动力的就去凿冰。我家需要请人帮助。每晚入睡前，在锅里放上冰块，次日就有水可用了。至于洗涤用水就免了。敦煌人的生活燃料就是砍伐戈壁滩上的灌木红柳。人口增加了，戈壁红柳被砍伐得越来越少，有红柳的地方越来越远。1970年前后，赶毛驴车去砍红柳往返一次需三天。我家只能请人帮助，去时带上面粉、锅碗、食用的水、牲畜饲料，还要寻找同行的打柴者。单车外出是不安全的。之后为保护大地植被，禁止砍伐戈壁红柳，烧柴更困难了。农家仅靠那些麦秆、棉花杆作燃料是不够的。敦煌少雨，有一年，却连续下了一整天，干柴、湿柴都没有了。有面粉有水，却无法做成熟饭，无奈把家里备用的一个铁锹把当柴火烧掉了。铁锹把用料讲究，要结实、轻、有柔性，并不是任何木杆都可做铁锹把的。当柴火烧了真感到可惜。敦煌产优质棉花，棉籽多，榨过油的棉籽皮就是废料，可拿来当柴烧。一次我赶了毛驴车去榨油厂买棉籽皮，先是找不着经管此事的人，后来找到了，卖与不卖，卖多少，就他说了算。可他不言语，我也不敢离开，就那么站着。站了许久，才买到一些。

三女儿出生那一年，开春3月，我在水沟大拉牌劳动，整地备料。中午有同事从莫高窟来，带口信说，我老家来电话说母亲要来敦煌，什么时候来不清楚，我也就没有太多去想。下午又有传话，说我母亲明日到柳园火车站。消息确实，时间紧迫，不容多想，我立即步行赶回莫高窟。回到莫高窟，找了一根结实的木棍，拿上手电筒快速上了戈壁。走出不到一小时天就黑了下来。下了二层台子，到佛爷庙这一段路，多魏晋墓地，地形是熟悉的，但以前都是白天经过，今天是夜间，心里稍有点紧张，主要是怕狼。我曾在佛爷庙遇见过狼。过了佛爷庙即进入居民区，穿越县城又走出二三公里就能望见我那小土屋了，那里有灯光在摇动。

当我走到家门前，却被眼前的一切惊呆了——我的小土屋被水淹了！妻已把土炕上的被褥抱出来堆在地埂上。老梁队长提着灯，拿着铁锹，见我要进屋便说："不要进去了，房子有响声。"土坯垒起的墙体被水浸泡后，墙根变软，墙体下沉，发出了吱吱的响声。水渠溃堤的豁口已被堵好，屋内的积水已被排出，妻子把几个孩子已送到了牛圈饲养室的火炕上。家里最值钱的东西就是堆放在地埂上的那几床被子，还有一口锅、几只碗，别无什么箱柜家具。小土屋已是空屋，也就不管它了。我到牛圈饲养室看了孩子，都还好。天快亮了，休息了一会儿，我带着六岁的小儿子快速去城里的汽车站。敦煌距柳园火车站一百多公里，路况车辆都不好，正常行驶要两个小时。班车每天就一班，错过了时间就没办法了。到汽车站，购票候车的旅客还不多，买到车票我这才放下心来。我感觉有些累，这一天一夜总计行程过了百里。

柳园火车站在大戈壁上，站外是职工宿舍、几家货物转运站。公共服务设施只有一家饭馆、一家旅社、一个汽车站。站外广场很大，天气不好，只有匆忙行走的几个路人。东来的列车已经过站，旅客已出站散去。远远望去，出站口就母亲一个人，手臂上挎着一个小包袱，东张西望地在寻找我们。我带着孩子快速跑过去，母亲见我们来了，笑了起来："这是小龙啊！"盼儿心切，见到小孙子，母亲精神也大好起来。我扶着母亲走进了饭馆，正是午餐时候，来吃饭的人并不多，就是大锅面条，不见有吃炒菜的。饭后我们身上也暖和了，稍坐了一会儿就去了汽车站。车站候车的人没有几个，我随即买到了车票。候车室有火炉，但没生火，有点冷。等到下午两点，旅客多了，按时发车。车到敦煌已经是下午四点多了，妻带着堆放在地埂上的那几床被褥在等着我们去莫高窟。

母亲已年过七旬，从三门峡上车过了两天两夜，又经过一天汽车折腾，已很疲倦了，但仍喜悦不已。其实就一点精神支撑着。我和妻上一次见到母亲是八年前回到老家那次，那时还没有孩子。如今见到我们已是三个孩子的一大家人了，能不喜欢吗？我的莫高窟土平房，虽也只有十多平方米，但比乡下的小土屋要好得多。混凝土地面，石灰墙，白纸顶棚，玻璃门窗。原是石窟加固工程施工时的工棚，工程完工后改造成了宿舍。回到莫高窟，我也就心安无虑了。过了几天，我去乡下看那被水淹过的小土屋。听妻说，那天夜晚她和孩子入睡了，迷糊中听到似乎有水流动声，随即坐起来，腿伸下炕感到是水，急忙点燃油灯，水已漫地。她快速把孩子抱出屋外，叫人来堵住溃塌的堤坝，又在屋内后墙跟凿了个洞，排出了屋内的积水。如果不是早发觉，可能要出大问题。如果家有强劳力，及早预防，也许就不会发生这种事。

小土屋门窗敞开着，只有一张破旧的无抽屉的香案桌，是从莫高窟废物库中捡来的。屋内潮湿，霉味还没有完全散尽，我弄来些干土，把被浸泡过的墙根全都夯实，堵塞了排水洞。门窗仍旧敞开着，让它通风，尽快变干。孩子出生后，出了满月，被淹的小土屋也风干了，妻带着孩子和母亲一起又回到乡下。母亲在乡下小土屋又住了半个多月后，便返回山西老家。母亲此次来敦煌待了近两月，是我十七岁离家之后，与母亲相聚时间最长的一次。莫高窟环境安静，没有社会上嘈杂的烦扰。慈母、贤妻和小女、幼子聚集一堂，是我平生记忆中最幸福的时光（图36）。

孩子多了，在农村生活也需要从长打算了。妻开始养猪，每年一头，连续几年。饲料不足，猪也养不肥，但每年春节我们都有肉吃。有一年妻还养了一窝

图 36　1970 年母亲来敦煌时，全家人合影

小鸡，鸡长大了，却没有场地养，就栖在窗下、房顶。有鸡难见蛋，变成了野鸡。一次家有急事却没钱可用，小儿抱了一只大公鸡去城里卖了几块钱，解了当下之急。后来发现窗下有了许多鸡虱子，即停止了养鸡。

　　生产队是依口分粮的，我家小孩多口粮不少，但缺劳力，需要向生产队补交口粮款。有一年妻的劳动工分除去全家口粮款外，还分得了几十块现金。农户是依每年劳动出工分分红的。谁家出工分高分的现金也就多，也就最光荣。妻和孩子这一年多少也分得了几十块钱，也算光荣的。孩子们高兴不已，跑去供销社买了些硬块糖。糖，商店里是没有供应的，要想买到白砂糖，是要凭借医院证明的。后来粮食状况有了好转，莫高窟下放农村的家属在1979年经省上批准，户口转回了城市。妻在农村待了整整十八年。时间又过去四十余年，如今我坐到餐桌前，看到眼前的香美饭菜就想起以往的艰难生活。饭食好了，但决不可浪费，自给也应俭约。

六
难以放下的临摹画笔

1953 年，我从西安西北艺术学院美术系毕业，分配到敦煌文物研究所工作，到 1993 年退休，在莫高窟待了整整四十年。刚退休那些年，我还承担着一些工作任务，每年都要回莫高窟住一段时间，上洞窟看壁画，去资料中心查阅资料。在这四五十年里，我只做了一件事，就是临摹壁画、测绘壁画、研究壁画。现在我行动不便了，上不去洞窟了，想临摹壁画也不可能了。只有在梦境中我还会攀上洞窟，看到高崖险径，感受阴暗潮湿、风沙弥漫，可分不清是莫高窟还是榆林窟，或是近邻的下洞子，亦或是新疆石窟中的大像窟；有时又闪现出早我先去了的诸先生们的身影，我们在一起说着洞窟壁画的事，可又辨不出他是哪位先生，那位先生又是谁……这些梦境都非常清晰。真想回到那梦境里再体味一次啊。

初到莫高窟,文研所临摹壁画的业务人员加上所长常书鸿先生只有七个人,再加上我们新来的四个学生总共也就十一人。敦煌壁画举世闻名,时因交通困难,除了几个探险者、考古学家之外,世人是难以来此参观的。哪能像今天,火车、飞机、自驾汽车,高峰日涌入莫高窟参观者超万余人。那时又因出版印刷条件所限,读者也见不到今天书市上这些琳琅满目的各种敦煌壁画读物,更想不到手指一点键盘,从电脑屏幕上即可看到敦煌宝库的所有资料。

搞美术的人了解敦煌壁画艺术的最佳方式就是临摹壁画,用壁画临本去作展览。中华人民共和国成立后,1951年、1955年、1959年曾先后三次在北京故宫举办大展,每次展出都有新的巨幅临品和整窟原大模型壁画临品。1962年春节在上海博物馆和美术馆的展出,其中包括飞天、石窟装饰图案两个专题展,是国内规模最大的一次展出。参加的国外展有1956年10月印度新德里纪念释迦牟尼诞辰2500周年国际佛教艺术展,1957年捷克斯洛伐克布拉格展、波兰华沙展,1958年元旦日本东京展。敦煌壁画临品展在那些年就是这样一个接一个地向国内外观众介绍敦煌艺术、对外进行文化交流的。后因形势变化,临摹工作受到了影响。改革开放之后,对外文化交流展又相继举办。1982年、1984年、1985年曾三次赴日举办敦煌壁画临品展，每次展出都是依据要求，内容有所侧重，需要补充新的临品，1983年还在法国举办了展览。接二连三的展出需要不断增加新的临品，可是缺少临摹人员，临摹任务很繁重。

2020年我去了一次莫高窟，与美术所工作人员研讨临摹工作（图37）。全所有四十多人，工作环境、设备非常好，是我完全没有想到的。历史进入了一个新的时代，科技发展非常之快。敦煌研究院数字所（摄录部）十年前已用数字技术制作出了巨幅壁画复制品和整窟原大模型壁画复制品，真实感已超越了手工临摹品，用作一般展览是完全可以的。七十多年来研究院的

图37 2020年在敦煌研究院与美术所人员研讨壁画临摹工作

壁画临摹工作者已经完成了为介绍敦煌艺术而忙于临摹、展览的历史使命。现在，临摹工作的重心应该向纵深拓展，即开展对洞窟壁画原作的考察研究，比如对原作画工的研究，他是本土的还是外来的？从哪里来的？对原作画样的研究，它是从哪里流传来的？是西域？中原？还是本土之作？还有对洞窟壁画制作的探索等等，这些都是临摹者要研究、回答的。如果只是完成了画板上的临摹品，而对洞窟壁画原作的内涵完全不知是说不过去的，不能说是完成了这幅画临摹的全部工作。壁画原作研究的信息就在壁画中人物的造型、衣裙、服饰、头冠、手镯、足钏、配饰、装饰纹样等等细节之中。只要有心去关注，用心思索，细心观察，像在画板上临摹一样投入时间，用耐心、毅力坚持去做，必有回报的喜悦。这样的临摹研究工作，在过去临摹任务重、临摹人员少的情况下，很少有人去做。如今人多了，兵强马壮，临摹工作重心应向这方面倾斜。我曾有过这方面的体验，路子是正确的，只是走得还不够深远。如果时间能倒回十年，我定会参加进去，再临几幅画、做个课题，这其中的乐趣是外人体会不到的。

临摹品画稿制作是临摹工作中最重要的环节。完成了临摹画稿，就奠定了临摹品成功的基础。以前的临摹画稿制作有手工起稿、幻灯放稿，现在是用数字拍摄打印成稿。我初到莫高窟，见到的段文杰等诸先生临摹的西魏第285窟整窟原大模型壁画临品，画稿就是用手工起的稿，是在窟壁上挂起经纬线，分块一笔一线临绘的。手工起稿费时费工，但因有切身体验，所以记忆深刻。我认为这是体验、认识壁画的最佳方法。手工起稿宜于临摹三五个人物的小幅画作，临摹巨幅复杂的经变画还是比较困难的。幻灯放稿，是从1955年启始的。幻灯机构造简单，不能自动调焦，放稿时一人操机，二人在画板上丈量尺寸，操机人按尺寸报告调整焦距。胶片遇高温也会变形，接片时就会出现误差。画稿放好后，还要再入窟面对原作一笔一线手工修正。幻灯放稿虽然麻烦，但简便适用，过去几十年临摹画稿都是用这种简易幻灯机制作的。

现在利用数字拍摄打印画稿，精细度高，可以直接拷贝在画纸上提取线稿，省时省力。但是这种方法容易使人依赖打印稿，而少去动脑，没有什么好处。其实数字拍摄打印画稿并非完美无缺。一张巨幅打印画稿也是由几十个镜头拼接而成的，壁画凹凸不平就会有透视误差，还需要手工修正。我详细看过打印的整窟原大模型复制壁画，窟内角隅、龛内、窟顶藻井都存在着明显的无法衔接的透视误差。这个问题在过去幻灯放稿中没有解决，现在数字拍摄打印稿也还没有解决。拍摄镜头中的实物是一个多面体，打印的画稿是平面的，洞窟模型又是立体的，这种矛盾即使打印的画稿也还无法解决。当下解决的办法只能是手工去临画。画稿绘制是临摹工作中最重要的环节，从起稿、涂色到最后完成的全过程就是体验研究的过程，每个环节都是不能省略的。一定要警惕对数字打印画稿的过多依赖，要积极发挥自我思考的能动性。修稿工作一定要在窟内实地面壁一笔一线细细去画。涂色工序如果在确保窟内壁画安全的情况下，也可在窟内进行。在窟内实地面壁临摹与在窟外画室持打印稿临摹感受是不一样的。

临摹壁画的方法，是依据壁画保存的现状确定的，有现状临摹、整理临摹、复原临摹。现状临摹是对原作现状不作任何改动，按照现状原样临摹。整理临摹的壁画画面一般都比较完好，对局部漫漶不清或略有残损之处加以整理，使其清晰完整。整理临摹最见功力，没有坚实的功力是很难临好的，虽然难度大，但最能锻炼人。20世纪五六十年代的临摹品，多是这样的临品。复原临摹是对变色、残损严重的壁画作复原，复原临摹要有依据，困难多，在过去的临摹中也少见。临摹壁画是为了传承古代优秀文化艺术，不能因有困难就停滞不前。现在临摹人员多了，条件好了，可以增大复原临摹工作的比重。

复原临摹最重要的是对画稿人物形象的复原，人物形象复原了，就奠定了复原临品成功的基础。复原是要有依据的，依据不充分时，我认为同壁同时代风格的人物形象就是最好的依据。色彩复原主要是变色复原。色彩复原是色相复原，缺乏临摹经验者是难以复原出好的临摹品的。也可以参考壁画保护的颜料化验分析，但不能以此为据，因为它提供的是颜料成分而不是色相。变色复原一是要寻找未变色的遗迹作参照，二是要凭借临摹实践经验处理。复原临摹一定要慎重，一定要有根据，多商讨研究，不可随心所欲。复原临摹可以是整窟整幅的，也可以是局部的。每幅画临摹的目的不尽相同，可以依据需要确定不同的方法。

一幅好的临摹作品，成功的基础在于临摹技艺的功力要深。李其琼先生曾说过："要想临摹得好，功力必须超过它（原作）。"段文杰先生说："临摹工作最难的第一关是描线关。"段文杰先生一生坚持苦练描线功力，笔不离手，临摹的壁画人物好看，有看头，有韵味。临摹敦煌壁画一定要坚守正确方向，坚持苦练基本功，不断提高理论学养水平。这是我在临摹工作中的深切感受！

曾有来莫高窟的参观者问我："你们是否要把这些壁画全部画（临）下来？"说实话，我不知道。但我相信，莫高窟只要屹立不倒，定会不断有人来临摹壁画的（图38、图39、图40）。

图 38　离休后在兰州家中临摹壁画

图 39　2011 年在山西考察寺庙壁画

图 40　在三危山重返曾经农耕、放牧的地方

后记

　　敦煌研究院的领导要我把过去工作、生活的事写下来。写回忆录是事业有成，对国家、社会有贡献的人的事，我是一个普通业务人员，做的只是本职工作，有什么值得写的？又一想，如今莫高窟与往日已有很大的不同，今人多不知过去的事，对过去的事也不易理解，现在写出来也没有什么不好的。可我已经写不动了。领导派齐双吉、杨雪梅二位小同志来帮助我，我口述，他俩记笔记。我谈了五六次，还没有谈完我就病倒了，半年内三进医院上手术台。病体还没有恢复，新冠疫情又暴发了。病体恢复后，看了小齐打印出来的几段文字，我谈的头绪太乱，不能成文，只能亲自动手，从头写起。拖拉了两年，现在总算是写完了。此刻，我很想念小齐、小杨，感谢你们对我的帮助！

　　感谢研究院几任院长这几年对我身体、生活多方面的关照，在此表达真诚的谢意！

关友惠

2021 年 8 月时年九十